*Para ler e escrever textos filosóficos*

CLAUDINEI LUIZ CHITOLINA

# Para ler e escrever textos filosóficos

Editora
IDEIAS & LETRAS

Direção Editorial:
Marlos Aurélio

Conselho Editorial:
Avelino Grassi
Edvaldo Araújo
Fábio E.R. Silva
Márcio Fabri dos Anjos
Mauro Vilela

Copidesque:
Ana Aline Guedes da Fonseca de
Brito Batista

Revisão:
Thiago Figueiredo Tacconi

Diagramação:
Érico Leon Amorina

Capa:
Jéssica Rodrigues Tavares

© Ideias & Letras, 2015.
1ª Impressão.

Rua Tanabi, 56 – Água Branca
Cep: 05002-010 – São Paulo/SP
(11) 3675-1319  (11) 3862-4831
Televendas: 0800 777 6004
vendas@ideiaseletras.com.br
www.ideiaseletras.com.br

Dados Internacionais de Catalogação na Publicação (CIP)
(Câmara Brasileira do Livro, SP, Brasil)

*Para ler e escrever textos filosóficos/*
Claudinei Luiz Chitolina.
São Paulo-SP:
Ideias & Letras, 2015.
Bibliografia.
ISBN 978-85-65893-88-6

1. Análise do discurso 2. Escrita 3. Filosofia -
Linguagem 4. Leitura I. Título.

15-03390                                           CDD-101

Índices para catálogo sistemático:

1. Filosofia : Textos : Interpretação 101
2. Textos filosóficos : Interpretação 101

*[...] Não nos tornaríamos filósofos, por ter lido todos os raciocínios de Platão e de Aristóteles, sem poder formular um juízo sólido sobre o que nos é proposto. Assim, de fato, pareceríamos ter aprendido, não ciências, mas histórias.*

DESCARTES, R. *Regulae*, Regra III, 1999.

*É difícil aprender o que é um filósofo, porque isso não se pode ensinar: há que "sabê-lo" por experiência – ou ter o orgulho de não sabê-lo.*

NIETZSCHE, F. *Além do bem e do mal*, §213.

*[...] Todo discurso deve ser organizado como um ser vivo, ter seu próprio corpo, por assim dizer, de modo a não lhe faltarem nem a cabeça e nem os pés, e de modo que seus membros intermediários estejam ajustados uns aos outros e em relação ao todo.*

PLATÃO. *Fedro*, 264c.

# Sumário

Introdução ..................................................................9

## Capítulo 1
**A NATUREZA DO TEXTO FILOSÓFICO** .......................... 21

1.1 – Originalidade e criação filosófica: autoria e estilo.....22

1.2 – Literalidade e estratificação semântica: univocidade e plurivocidade de sentidos ..........................................27

1.3 – A temporalidade do pensamento filosófico ...............33

1.4 – Interrogar e compreender a realidade: o exercício crítico do pensamento ......................................................42

1.5 – Universalidade, traduzibilidade e inacabamento do pensamento ................................................................53

## Capítulo 2
**A LEITURA FILOSÓFICA** ......................................................59

2.1 – O que significa ler filosoficamente? ............................61

2.2 – Métodos de leitura filosófica ........................................79

2.2.1 – O método dogmático ................................................81

2.2.2 – O método genético ...................................................84

2.2.3 – A hermenêutica filosófica de Gadamer ...................87

## Capítulo 3

**A ESCRITA FILOSÓFICA** ................................................. 93

3.1 – O porquê da crítica de Platão à escrita ...................... 95
3.2 – Ricoeur e a escrita enquanto obra do
      pensamento (filosófico) ............................................ 103
3.3 – A especificidade da dissertação filosófica ............... 115
3.4 – Caracterização e formulação teórica do
      problema filosófico .................................................. 124
3.5 – O plano redacional: a estrutura da
      dissertação filosófica ............................................... 131
3.5.1 – A função da Introdução ....................................... 133
3.5.2 – As ferramentas filosóficas: conceitos,
        problemas e argumentos ...................................... 134
3.5.2.1 – Explicação de termos e conceitos filosóficos ...... 136
3.5.2.2 – A argumentação filosófica ................................. 143
3.5.2.3 – A investigação filosófica .................................... 149
3.5.3 – O caráter inconclusivo das
        Considerações finais ............................................. 153

## Capítulo 4

**DA (IM)POSSIBILIDADE DE SE ENSINAR FILOSOFIA** .... 155

4.1 Crítica à profissionalização da filosofia:
    ser filósofo e/ou professor de filosofia? ..................... 159
4.2 Aprender a filosofar é fazer filosofia ........................... 183

**Considerações finais** ..................................................... 203
**Apêndice** ........................................................................ 213
**Referências** ................................................................... 233

## Introdução

Historicamente, pode-se dizer que a invenção da escrita representou um marco cultural (e um avanço técnico) para a humanidade.[1] As sociedades ágrafas, embora representassem através de desenhos e pinturas cenas da vida cotidiana, não podiam descrever essas cenas com a riqueza de informações que a escrita permite. Daí se diz que a escrita alterou profundamente a forma do homem se relacionar com o seu passado. É pela escrita que o homem foi introduzido de forma definitiva no tempo histórico. O registro escrito torna possível preservar a memória de fatos e acontecimentos ao longo do tempo; produz memória histórica (coletiva), permite compreender o desenvolvimento histórico da humanidade. Porém, se pela escrita é possível compreender

---

1  Se, para alguns historiadores, a escrita retirou o homem da barbárie (da vida incivilizada) e o introduziu à vida civilizada (na história), para outros, porém, as manifestações pictóricas constituem verdadeiros registros culturais e históricos. Ou melhor, se para o paradigma tradicional (e oficial), os documentos escritos dão origem à história na medida em que registram a passagem do tempo, para a "nova história", esse critério é ideológico porque é excludente. Assim, embora persista no interior da História a controvérsia em torno dos conceitos de pré-história e história, é facultado dizer que a invenção da escrita (4000 a.C.) foi responsável pela introdução de uma mudança radical na percepção do tempo e na forma como o homem passou a se perceber ao longo do tempo. Ver: BURKE, P. (Org.). *A escrita da história: novas perspectivas*. São Paulo: Unesp, 1992, p. 13. Por exemplo, para Flusser (2010, p. 28): "A escrita é uma função do escrever e da consciência que se expressa no escrever". Para esse autor, há uma diferença fundamental entre acontecer e ocorrer. Os acontecimentos dependem da consciência histórica, que só é possível com a invenção da escrita. Antes da escrita o homem percebia de modo intuitivo o que ocorria.

as ações do homem ao longo do tempo, pela história podemos compreender a evolução da escrita. Não somente os sistemas de escrita evoluem, mas os meios de sua produção.

Dos primeiros instrumentos de registro escrito (as tábuas ou tabuletas de barro e de pedra) até a invenção do rolo (de papiro e de pergaminho) e a invenção do livro manuscrito (códice)[2] transcorreu um longo período de tempo. E do livro manuscrito até a invenção do livro impresso[3] (a impressão mecânica) foi necessário um longo tempo; porém, da impressão mecânica até a impressão eletrônica, o caminho foi encurtado.

Embora considerado uma invenção antiga, o livro ganhou maior difusão com a invenção da imprensa por Gutenberg (século XV). Em nossos dias, a revolução eletrônica, as novas invenções tecnológicas, como a televisão, o computador e a *internet* tornam quase que instantânea a comunicação entre os homens; permite-nos saber o que está ocorrendo nas mais remotas regiões do Planeta.

Por outro lado, as tecnologias eletrônicas não deixam de suscitar novos problemas sociais e desafios educacionais. Por exemplo, as mensagens de caráter informal (*e-mails*, redes sociais) que circulam pela *internet,* fundem a linguagem oral com a linguagem escrita, gerando um novo modo de pensar, escrever e falar. É a forma abreviada (a eliminação das vogais, a consonantização da língua) que coloca novos problemas para os educadores e para os linguistas. Existem práticas de leitura que mudam segundo as condições históricas e os interesses dos leitores.

---

2 CHARTIER, R. *Os desafios da escrita*. São Paulo: Unesp, 2002, p. 106. "No século IV da era cristã, uma nova forma de livro impôs-se definitivamente, em detrimento daquela que era familiar aos leitores gregos e romanos. O códex, isto é, um livro composto de folhas dobradas, reunidas e encadernadas, suplantou progressiva, mas inelutavelmente os rolos que até então haviam carregado a cultura escrita."
3 J. Gutenberg é considerado o inventor da prensa do tipo móvel.

De acordo com o Chartier (2002, pp. 22-32, 101-123) o que estamos presenciando (e vivenciando) é uma mudança sem precedentes na cultura escrita. Contudo, foge ao escopo deste texto, discutir e analisar os desafios, as perspectivas e as implicações ou consequências da emergência do texto eletrônico (suporte digital) na vida intelectual do leitor contemporâneo. Porém, podemos perguntar: o livro impresso vai desaparecer ou irá rivalizar com o livro digital (eletrônico)? Será a linguagem da *internet* – o "internetês" – expressão da evolução ou da involução da língua?

Se a invenção da escrita dotou o homem de *senso histórico* (de memória coletiva), a imprensa (o livro impresso) instaurou uma separação no interior do processo civilizatório – uma cisão entre o mundo adulto e o mundo infantil; entre aqueles que sabem ler e escrever e aqueles que não sabem (os iletrados ou analfabetos). A invenção da escola possibilitou a passagem do mundo infantil ao mundo adulto. Ir à escola é, essencialmente, aprender a ler e a escrever. E dominar a escrita, significa dominar o código de acesso à cultura letrada. Por isso, necessitamos aprender a ler, a escrever e a calcular, se quisermos adentrar aos "segredos" do mundo adulto.

Como sabemos, o surgimento da escrita enquanto invenção técnica é posterior à linguagem oral. Porém, com a invenção da escrita não só a comunicação humana pôde desenvolver-se; o pensamento se transformou, tornou-se conceitual e abstrato. Por isso, não é sem razão que se diz que o nascimento da filosofia está vinculado ao pensamento conceitual e abstrato.

Contudo, desde suas origens, a filosofia não se limitou a fazer uso da língua; inventou conceitos, criou uma linguagem própria, de modo a estabelecer novos significados, alargando assim, a capacidade humana de pensar.

Daí dizer que o filósofo é, por definição, um criador ou inventor de conceitos,[4] não só faz uso comunicativo, mas crítico e reflexivo da linguagem. É próprio do filósofo utilizar-se da palavra para dizer a verdade e pensar sobre o próprio pensamento.

O filósofo deve, portanto, conhecer a natureza e a função da linguagem. Assim, ao operar com palavras, o filósofo produz um discurso racional em vista do desmascaramento dos falsos discursos. Ou seja, o *discurso filosófico* adquire características próprias, um traço peculiar: expressa o irrefreável desejo de saber. Ao instaurar novos conceitos, o filósofo cria uma linguagem proposicional, distanciando-se, assim, do homem comum, que se encontra preso à linguagem corrente, razão pela qual é incapaz de compreender a própria natureza da linguagem e do pensamento.

Assim, de modo contrário ao homem comum, o filósofo é aquele que ao lançar mão da linguagem corrente, põe à mostra seus problemas e limites; ao escrever o que pensa, sabe que estará inevitavelmente traindo a si mesmo. Por isso, a filosofia mantém desde Platão (*Fedro*) uma relação ambígua com a escrita, ou seja, pode representar tanto a vida como a morte da filosofia. Para o filósofo grego, o veículo por excelência do pensamento não é a palavra escrita, mas a palavra falada.

A oralidade é superior à escrita, porque se molda à alma de cada interlocutor; permite responder de modo diverso às perguntas que lhe são lançadas. Porém, o perigo da escrita reside no fato de que a palavra tem o poder de imobilizar, interromper o curso do pensamento; ao ser transformado em fóssil (corpo sem vida), o pensamento deixa de ser um diagnóstico do tempo presente para ser uma testemunha (registro) do passado. Por isso, a palavra escrita representa segundo

---

4  DELEUZE, G.; GUATTARI, F. *O que é a filosofia?* São Paulo: Ed. 34, 2000.

Platão, a morte (a imobilidade) do pensamento. Ou seja, o texto escrito ao se desprender das mãos do autor (ao alcançar o domínio público) está sujeito à distorção e à má interpretação.

Na fala, locutor e interlocutor são contemporâneos (embora nem sempre conterrâneos); estão, real ou virtualmente, presentes para responder perguntas e refutar as más interpretações. As distorções de interpretação são minimizadas pelo diálogo entre os interlocutores. Na escrita, *autor* e *leitor* não estão nem sob as mesmas coordenadas de espaço e tempo, nem sob as mesmas coordenadas culturais; podem, por isso, pertencer a épocas e tendências filosóficas diferentes. Daí a indagação: será a escrita (e a leitura) algo essencial à atividade filosófica? O filósofo sabe, entretanto, que necessita das palavras para expressar e comunicar seu pensamento, mas sabe também que poderá ser incompreendido. O que é certo, é que a filosofia se constitui desde Platão (*Crátilo*) em crítica da linguagem (do discurso).

Etimologicamente, as palavras *texto* e *tecido* são cognatas, derivam da mesma palavra latina (*texere*) e significam tecer, enlaçar, entrelaçar. Daí dizer que tanto aquele que confecciona um tecido quanto aquele que escreve um texto (ou pronuncia um discurso) tecem; enquanto um tece fios, outro tece ideias. Um texto é uma composição não de fios, mas de ideias pelo entrelaçamento de sinais (palavras) referidos ao tempo histórico (contexto) e concatenados (enlaçados) segundo as regras da gramática e da lógica. Assim como um feixe de fios soltos não forma um tecido, frases soltas não podem formar um texto. Um amontoado de palavras não constitui um texto, porque falta nexo lógico entre as ideias.

O que constitui um texto é a sua unidade de sentido. Coesão (unidade) e coerência formam a estrutura lógico-gramatical de um texto, permitindo assim, a sua compreensão e interpretação. Por isso, o que diferencia um texto

13

do outro não é o *fio*, mas a *trama*, o modo como confeccionamos e comunicamos nosso pensamento. Deve-se dizer, entretanto, que além dos textos escritos e falados existem outros tipos de textos úteis ao aprendizado da filosofia, como, por exemplo: Imagens, músicas, charges, caricaturas, desenhos, quadrinhos, figuras, pinturas, esculturas, tabelas e gráficos; são considerados textos porque comunicam algo, expressam uma ideia ou um sentimento.

O filósofo se serve da linguagem para se expressar, porém, a linguagem é, ao mesmo tempo, meio e objeto do pensamento filosófico.[5] Assim, o paradoxo que envolve o surgimento do pensamento filosófico diz respeito às formas de sua expressão (e comunicação). A filosofia é essencialmente uma atividade crítica de pensamento, mas nada pode ser dito senão através da linguagem.

A disputa acerca da superioridade entre *oralidade* e *escrita* enquanto veículos de expressão filosófica, deixa transparecer desde as origens gregas da filosofia, a condição paradoxal da atividade filosófica: o pensar filosófico é, a um só tempo, texto falado (diálogo) e texto escrito (monólogo); locução e interlocução. Para Platão, quando lemos não visamos outra coisa senão fazer o texto falar, converter a escrita em fala. A escrita encontra-se subordinada à fala porque decorre dela.

A tentativa de *ensinar* e de *aprender* filosofia constitui (a partir da invenção da escrita) um problema crucial para a filosofia. Ou seria possível ensinar e aprender filosofia sem o texto escrito? Embora Sócrates nos tenha ensinado que a atividade filosófica é, em sua essência, uma atividade dialógica (que implica a presença real de interlocutores), nós só

---

5 "Pertence certamente ao momento de autorreflexão da filosofia não abandonar-se ingenuamente à sua especialização e tampouco à sua terminologia" (ADORNO, 1985, p. 8 – tradução nossa).

podemos ter acesso ao seu pensamento graças à escrita (aos textos de seus comentadores).

A escrita possibilitou à filosofia novos métodos de produção e de expressão do pensamento. Por isso, o registro escrito constitui não só uma nova forma de comunicação, mas de produção do pensamento filosófico. Nesse sentido, o pensar filosófico é um exercício que se faz e se refaz em dois planos diferentes e interdependentes: Há um movimento do pensamento que vai do texto oral para o texto escrito, e outro que vai do texto escrito para o texto oral. Daí que o exercício da filosofia parece implicar não só o falar e o ouvir, mas o escrever e o ler. Porém, enquanto a relação entre falante e ouvinte é marcada pela presença real (pessoal) dos interlocutores, na relação entre autor e leitor um dos interlocutores está ausente. Na escrita o autor se faz presente, ao passo que na leitura é o leitor que está ausente. Temos, de um lado, a "presença ausente" do autor e, de outro, a presença real (pessoal) do leitor. Há, portanto, uma assimetria, uma distância temporal (histórica) e cultural que separa autor e leitor e que constitui o problema da compreensão e da interpretação do texto (filosófico).

De outro modo, a tentativa de caracterizar um texto como filosófico revela-se uma tarefa difícil, visto que cada filosofia erige seus próprios critérios de validade. Teríamos que supor, à primeira vista, a existência de uma essência universal (uma natureza comum) – a possibilidade de um consenso entre os filósofos sobre o que é filosofia. Porém, a história da filosofia nos ensina que o pensar filosófico se nutre mais da discordância que da concordância de ideias. Daí que o próprio fazer filosófico e seus meios de expressão são diversamente concebidos pelos filósofos. Assim, se não é possível determinar a natureza universal da filosofia, devemos, entretanto, estabelecer critérios (traços) supostamente universais para caracterizar a natureza dos textos filosóficos.

Para Platão, a escrita é inferior à oralidade, porque representa para o autor uma dupla traição. Se a oralidade expressa a vitalidade do pensamento, o texto escrito fossiliza o pensamento do autor na medida em que se desprende de suas mãos. Ao separar o autor de seu texto, a escrita não permite ao autor retificar seu pensamento. De outro lado, o leitor pode distorcer o pensamento do autor, uma vez que este não está presente para defender-se. Entretanto, segundo Gadamer, em *Verdade e método* (1960), é o texto escrito que torna o autor contemporâneo do leitor; o escritor se *presentifica* e se torna atual através da escrita.

O distanciamento instaurado pelo texto (entre leitor e autor) é a condição de possibilidade da interpretação. A escrita não apenas fixa (conserva materialmente) o discurso e o pensamento do autor ao longo do tempo, mas confere ao texto uma autonomia. É a escrita que torna possível a história e a tradição cultural. O sentido, porém, não está contido no texto, mas emerge da relação dialética entre leitor e texto. Nessa perspectiva, o ato de ler é essencialmente um ato hermenêutico (de escuta), de descoberta e de reconstrução do sentido do texto.

Já para Ricoeur, em sua *Teoria da interpretação* (1975), o sentido não está depositado (dado) no texto, mas diante do texto; não é o resultado de uma descoberta, mas da produção e da construção do leitor (intérprete). Ou seja, cabe ao intérprete fazer o texto falar. O texto é, por natureza, um lugar de confronto (e desencontro), porque instaura uma distância entre autor e leitor. Não há situação comum, apenas distanciamento. Ou seja, através do texto o leitor produz e reproduz significados.

Todavia, saber ler e escrever textos filosóficos tornou-se imprescindível para o aprendizado da filosofia, uma vez que o exercício da filosofia se faz mediante o confronto com a história da filosofia (e de sua historiografia). Nesse sentido, o *fazer filosófico* não pode prescindir do texto escrito, isto é, da história da filosofia, porque o pensar se nutre tanto do tempo presente quanto da tradição (do tempo passado). Em filosofia avançamos para frente olhando para trás. Entretanto, devemos perguntar: *o que é um texto filosófico? Ou, o que faz com que um texto seja filosófico? Qual é a especificidade da escrita filosófica?* Como caracterizar ou classificar textos filosóficos? Como é possível distingui-los dos textos não filosóficos? Como ler textos filosóficos? Existem métodos de leitura para textos filosóficos? Ora, o texto filosófico não requer o envolvimento psicológico (emocional) do leitor. É como se o texto filosófico fosse completo e independente do leitor.

Nos textos filosóficos, o que predomina é a *ordem lógica das ideias* e não a *ordem temporal* de sucessão de fatos e ações, como ocorre, por exemplo, nos textos narrativos e descritivos. Nesse sentido, a argumentação e a demonstração lógica concorrem para conferir ao texto o seu caráter filosófico. Por isso, aquele que escreve procede de forma diferente daquele que lê. Escrever é criar e expressar ideias; introduzir uma ordem ou estrutura ao texto, ao passo que o leitor busca compreender o que o autor quis dizer, reconstrói a ordem do texto. Porém, tal tarefa só é possível ao final do processo de leitura.

Portanto, o exercício da filosofia põe em questão a relação entre filosofia e história da filosofia, instaura a discussão acerca dos *meios* (instrumentos) do aprendizado filosófico do pensamento. Ou seja, se aceitamos o veredito platônico de que a escrita pode representar a vida ou a morte do pensamento, então, a tarefa do filósofo consiste em compreender quando a escrita potencializa (fortalece) e quando debilita ou faz definhar o pensamento. Em vista disso, pretende-se descrever as características – os traços fisionômicos que nos permitem distinguir um texto filosófico de um texto não filosófico. Como veremos, a especificidade do texto (discurso) filosófico diz respeito à especificidade do pensamento filosófico.

Assim, na caracterização do texto filosófico é necessário considerar três aspectos que, embora distintos, encontram-se interligados:

> a) *a estrutura linguístico-gramatical* que é uma condição necessária, mas insuficiente para determinar o caráter filosófico de um texto. Seguir as regras da sintaxe (da gramática de uma língua) é organizar o pensamento segundo uma estrutura que independe da criatividade (inventividade) do filósofo. O conceito de texto implica a sintaxe e a semântica das línguas naturais. Porém, se não é pela estrutura linguístico-gramatical que um texto é considerado filosófico, não é sem ela que um texto é filosófico. É pelas regras da gramática que palavras e frases constituem um texto. Assim, a *coerência*, a *coesão* e a *progressão* são os elementos gramaticais que definem a estrutura de um texto;

> b) *a estrutura lógico-epistemológica* é uma característica dos textos filosóficos, porque permite distinguir o pensamento filosófico de outros pensamentos. Nesse sentido, não é o *objeto* (a matéria) que define a natureza do pensamento filosófico, mas a *forma*, a perspectiva segundo a qual se investiga o objeto. Por isso, os enunciados filosóficos são empiricamente inverificáveis, não pretendem explicar a realidade, mas compreendê-la. O pensamento filosófico não pretende determinar as causas que permitem explicar a ocorrência de fenômenos, mas investigar as razões pelas quais é possível compreender aquilo que está suposto na explicação científica. Enquanto pensamento que investiga os pressupostos de todo pensamento, a filosofia encontra-se à base de todos os saberes, ou seja, é um saber crítico-reflexivo. Determinada pelo rigor lógico-conceitual, pela demonstração lógica de suas teses e argumentos, uma filosofia só pode ser refutada por outra filosofia.

Contudo, o texto filosófico não contém apenas um pensamento logicamente consistente (válido), mas levanta a pretensão de ser verdadeiro, porque não está desvinculado da realidade. Ou seja, a obra filosófica não é uma obra de ficção (produto apenas da imaginação), mas produto da razão em sua incursão pela realidade. Ou seja, as proposições filosóficas não são apenas dotadas de significados, mas de valor de verdade. Por isso, *validade* e *verdade* constituem os dois critérios fundamentais do texto filosófico;

c) *a estrutura estilístico-literária* pela qual se determina o estilo filosófico e o gênero discursivo ao qual pertence o pensamento do filósofo. O filósofo é, por excelência, um criador de conceitos e de novas formas de expressão do pensamento. É capaz de reinventar não só o conceito de filosofia, mas o modo de fazer filosofia. Assim, reveste-se de importância a capacidade de reinaugurar e de restaurar o gesto filosófico que marcou o pensamento dos primeiros filósofos, isto é, a perplexidade e o espírito inquiridor. Por isso, *estilo* e *autoria* são os elementos determinantes da literatura filosófica. No que se segue, analisaremos alguns elementos ou traços característicos do discurso (texto) filosófico.

# CAPÍTULO 1

## A natureza do texto filosófico

O texto filosófico enquanto discurso racional (*logos*) é construído segundo a estrutura dissertativo-argumentativa; sua finalidade é convencer, sustentar uma tese (postular uma ideia), o que implica *conceituar, problematizar* e *argumentar*. O texto filosófico é um gênero de texto que contém posicionamentos teóricos, ideias e argumentos. Por isso, a validade da argumentação filosófica supõe uma estrutura lógica que lhe assegure consistência, coerência e consequência. O texto filosófico segue uma lógica de composição que no ato de leitura se traduz na decomposição do todo em suas partes.

Ora, perseguir pela leitura a *ordem lógica* do texto significa perceber o encadeamento lógico das ideias, a consistência ou inconsistência dos argumentos. Nesse sentido, pode-se dizer que o texto filosófico é completo sem as condições subjetivas ou psicológicas do leitor (suas emoções, afinidade temática etc.). É o *princípio da demonstração* que caracteriza do ponto de vista lógico o texto filosófico (de base dissertativa-argumentativa) enquanto discurso que tem a pretensão de dizer algo acerca do mundo (da realidade). Demonstrar significa provar racionalmente a validade de uma tese, sua consistência ou possibilidade lógica. Ora, este parece ser o propósito comum dos textos filosóficos.

## 1.1 – ORIGINALIDADE E CRIAÇÃO FILOSÓFICA: AUTORIA E ESTILO

Com efeito, o que caracteriza (e individualiza) os textos filosóficos não é tanto o seu *conteúdo* (aquilo sobre o que o autor pensou e escreveu), mas a *forma* (o que escreveu) e o *estilo*[6] (como escreveu ou expressou seu pensamento) – que é o traço inconfundível de um autor[7] (ou filósofo). Nesse sentido, cada filósofo inventa novos modos de expressão do pensamento filosófico. Dito de outra maneira, a filosofia converte-se em obra literária, porque é obra de pensamento. Assim, por exemplo, se Platão escreveu sob a forma de diálogo, é porque supôs que o exercício da filosofia implica a contraposição de ideias dos interlocutores; o procedimento dialético da pergunta e da resposta. Ou seja, a pergunta põe em movimento o pensamento, ao passo que a resposta produz um efeito paralisante e apaziguador. Se pela pergunta exercitamos nosso desejo de saber, pela resposta podemos estancá-lo ou interrompê-lo. Ou seja, se pela pergunta o pensamento é posto em movimento, pela resposta, o pensamento entra em estado de repouso. O ato filosófico é, essencialmente, um ato de inquirição e de investigação. A filosofia não é tanto um saber, mas uma forma de se relacionar com o saber. É filósofo aquele que é capaz de duvidar ou de suspeitar de suas próprias certezas. Na filosofia o pensamento se move do conhecido em direção ao desconhecido. Por isso, se ao filósofo não é dado o direito de estabelecer respostas definitivas, ele terá, entretanto, sempre o direito de dizer ou de fazer a última (a derradeira) pergunta.

---

6   Em Latim, a palavra *stilus* da qual derivam as palavras "estilo" e "estilete" em português, significava a haste ou o instrumento pontiagudo de osso ou de metal usado para escrever sobre as tábuas de cera. Porém, de instrumento para escrever, *stilus* (estilo) passou a significar o traço definidor ou a característica original do pensamento ou da obra de um autor.
7   RICOEUR, P. *Do texto à ação*: ensaios de hermenêutica II. Porto: Rés, 1989, p. 117.

Aristóteles, por sua vez, escreveu sob a forma de tratado porque imaginava poder exaurir ou circunscrever, de modo completo, um problema filosófico a partir da análise de posições divergentes. Embora inserido em outra circunstância histórica, Tomás de Aquino, inspirado em Aristóteles, pretendeu fazer o mesmo. Bacon, Nietzsche, Wittgenstein, entre outros, preferiram escrever mediante aforismos, porque acreditavam ser possível dizer muito com poucas palavras, evitando assim, o circunlóquio e as longas e estéreis discussões.

O aforismo, diferente do tratado, lança um apelo ao leitor para que siga pensando. Já Descartes lançou mão de diferentes gêneros literários (discurso, meditação, artigo, carta) para mostrar tanto os erros dos dogmáticos (que proferem sentenças conclusivas) quanto dos céticos, porque descreem da possibilidade da verdade. Locke e Hume escreveram ensaios para mostrar que fazer filosofia significa pôr-se a caminho. Ou seja, se o pensamento está sempre em trânsito (em movimento) entre o saber e o não saber, então é impossível estabelecer verdades absolutas, apenas conclusões provisórias. Ensaiar-se no pensamento é iniciar um processo de investigação sem pretender fazer afirmações definitivas.

Ora, a filosofia é uma atividade racional de criação e de comunicação de ideias. Porém, nem toda ideia é filosófica. Uma ideia é filosófica se suscita a reflexão, isto é, o retorno do pensamento sobre si mesmo. O discurso filosófico não é um discurso de imitação nem de adulação, mas o *dis-curso* do próprio pensamento enquanto tentativa de compreensão da realidade. Ou melhor, o discurso filosófico é declarativo (demonstrativo), porque pretende dizer algo acerca de algo (afirmar ou negar um predicado a um sujeito) e não apenas dizer algo a alguém. Ou seja, o filósofo não é um ator (imitador), mas um autor (criador). Por isso, desde os filósofos gregos, o conteúdo (*logos*) e a forma de expressão (*lexis*)[8] constituem o discurso filosófico. Embora possamos admitir a existência de diversos *estilos filosóficos* (diferentes formas de composição e de expressão do discurso filosófico), é possível vislumbrar, entretanto, nos textos filosóficos um *traço comum*: visam problematizar o modo como compreendemos a realidade. O ato filosófico é, por excelência, um ato de interrogação e de investigação do pensamento. Nesse sentido, o texto filosófico revela traços biográficos de seu autor, visto que o filósofo imprime um caráter individual e intelectual à sua obra. Ou melhor, cada filósofo produz uma filosofia que é distinta de todas as outras filosofias. Assim, toda filosofia tem uma espécie de "marca registrada", aquilo que a identifica e a distingue das outras filosofias. É como se o texto filosófico tivesse uma assinatura, visto que tem um autor (*auctor*) que é o seu produtor e escritor. Ou seja, para ser filósofo (autor) é necessário produzir filosofia – escrever o seu texto, dar existência e expressão ao seu pensamento.

Portanto, o exercício da filosofia parece implicar (ao menos a partir de Aristóteles), o domínio da escrita. Nas sociedades civilizadas, a competência linguístico-gramatical é o meio e a condição para o exercício reflexivo ou filosófico do pensamento. Saber ler e escrever significa possuir as condições de acesso à cultura. Diante disso, a filosofia (e o filósofo)

---

8  Em grego, *lexis* significa elocução, expressão ou estilo. Se em Aristóteles (*Retórica*, Livro III), o discurso filosófico é o discurso que pretende ser demonstrativo (afirmar ou dizer a verdade), porque se serve tão-somente da razão (*lógos*), então o que importa não é o como se diz (*lexis*), mas o que se diz (*lógos*). A verdade, isto é, a ciência (o conhecimento) independe dos elementos extrarracionais. O raciocínio, a ordem lógica é o instrumento de investigação e de exposição do pensamento filosófico. Ora, se em Aristóteles a *lexis* não diz respeito ao discurso filosófico na medida em que é constituída de elementos puramente racionais (conceito, proposição, sujeito e predicado), mas ao discurso retórico e poético, pode-se, por outro lado, dizer que, enquanto literatura, a filosofia de cada filósofo não deixa ter um estilo ou um traço próprio, característica das artes visuais (que descreve o movimento que vai da mão aos olhos).

encontram-se determinados por essa condição histórica e cultural. O estilo filosófico é expressão, um modo de fazer filosofia – a característica de um determinado filósofo. Por isso, cada filósofo inaugura e introduz um novo estilo, uma nova maneira de pensar e de expressar o que pensa. Porém, o estilo filosófico não se confunde com o estilo literário, visto que não se reduz à expressão do pensamento, mas traz de modo implícito ou explícito uma nova concepção de pensamento.

Ora, como não existe a Filosofia (substantivada), mas somente filosofias adjetivadas, modos diferentes de conceber e de fazer filosofia, o estilo filosófico é, por excelência, a marca que distingue um filósofo do outro. Portanto, aquilo que poderia conferir, à primeira vista, um ar de parentesco (uma semelhança de família aos filósofo, é o que os distingue. Os filósofos pertencem à mesma espécie (de pensadores) não porque concebem os mesmos pensamentos. Ao contrário, a semelhança que existe entre eles repousa sobre suas diferenças. Dito de outro modo, é o *gesto* (a atitude) e não a discurso (o texto) que constitui o princípio de especificação em filosofia. Ao filósofo não é dado o direito de imitar, nem de seguir outro filósofo. Ou melhor, a filosofia não está *dada* para o filósofo; deve ser por ele reinventada. Parafraseando Nietzsche (em *Assim falou Zaratustra*, I, §3), mal remunera o mestre o discípulo que não o supera. A inspiração pode vir do mestre, mas a criação e a superação devem vir do discípulo. Daí a razão pela qual a questão sobre a natureza do pensamento filosófico (ou sobre a natureza da atividade filosófica) comportar diferentes respostas. O acordo de ideias (na maior parte das vezes) é não só impossível, mas pernicioso para o exercício filosófico do pensamento. É mais pelo desacordo que pelo acordo (concordância) que o pensar filosófico se renova.

De igual modo, o texto filosófico propõe problemas e respostas diferentes ao exercício do pensamento; introduz de forma inovadora a tarefa da filosofia em uma determinada época histórica. Contudo, a originalidade do filósofo não está tanto em pensar o que ninguém pensou, mas em pensar de uma nova maneira o que já se pensou. Só é filósofo aquele que é capaz de pensar o que permaneceu impensado (encoberto) pelo pensamento. É sua tarefa descortinar novos horizontes de interpretação, abrir novas perspectivas, confrontar as exigências do tempo presente com o passado (a história) da filosofia. Nesse sentido, *ser original* significa retornar às origens da filosofia e do filosofar, ter o mesmo gesto dos primeiros filósofos, desejar saber, (re)instaurar a perplexidade, a admiração e a indagação radical diante do mundo e das coisas. Ou seja, na filosofia o que parece ser *novo* é sempre o que há de mais *velho*. Ou melhor, toda filosofia se inscreve numa tradição, pertence à história da filosofia. Por isso, é tarefa do filósofo recomeçar a filosofar, reescrever ou reinventar a filosofia, seu objeto (seus problemas), seu método e seu sentido.

No texto filosófico está pressuposto não apenas um objeto (tema) a ser aprendido, mas o modo de aprendê-lo. Não é possível desvincular o *conteúdo* a ser aprendido de sua *forma* de apreensão (aprendizagem); não se pode dissociar o que é, por definição, indissociável. Filosofar é dar origem a uma filosofia, a um pensamento filosófico. Nesse sentido, *conteúdo* e *forma* constituem dois aspectos de uma mesma realidade; o conteúdo está referido à forma, assim como a forma está referida ao conteúdo. A razão não opera no vazio, ao contrário, se alimenta de problemas, de ideias e argumentos, a fim de tornar possível a expressão filosófica do pensamento. Ora, pensar filosoficamente não é o mesmo que aprender pensamentos filosóficos (conhecer aquilo que os filósofos pensaram), mas ser capaz de pensar o que os filósofos não pensaram (ou não puderam pensar).

Aprender pensamentos filosóficos não é o mesmo que aprender filosofia (ou a filosofar). Portanto, é a *originalidade* (a criatividade) a marca característica daquele que filosofa, porque o exercício da filosofia não coincide com a imitação ou repetição de ideias alheias. O filósofo é sempre um inventor (experimentador), um criador de ideias; é um espírito livre, porque seu querer é livre. Porém, a *criatividade filosófica* não pode ser ensinada (explicada), apenas estimulada e exercitada. O exercício da filosofia não é o mesmo que o domínio de uma técnica de pensamento. Não se aprende a filosofar seguindo ou reproduzindo esquemas de pensamento. O domínio técnico convém mais aos ofícios manuais que ao ofício de pensar. Para filosofar, é preciso pensar de modo diferente o que foi pensado. Filósofo é aquele que segue a si mesmo, dá origem a uma nova filosofia, ao invés de seguir por caminhos já trilhados.

Daí que a originalidade do filósofo depende tanto da sua criatividade (inovação conceitual) quanto dos problemas filosóficos de que é capaz de compreender e formular. Ao filósofo cabe compreender sua época, os problemas que interpelam e desafiam a filosofia. Nesse sentido, a filosofia é uma atividade sempre atual, porque são as exigências do tempo presente que interpelam o olhar e o pensamento do filósofo. Enquanto o historiador da filosofia *descreve* (e explica) o "pensamento pensado", o filósofo *inscreve* o seu pensamento, isto é, o "pensamento pensante" na história da filosofia.

## 1.2 – LITERALIDADE E ESTRATIFICAÇÃO SEMÂNTICA: UNIVOCIDADE E PLURIVOCIDADE DE SENTIDOS

O texto filosófico tem uma ordem de exposição, uma estrutura lógica que orienta o movimento de progressão do pensamento. Por isso, diz-se que todo texto institui e enuncia suas regras de leitura, diz como deve ser lido e interpretado. Escrever é mover-se da ordem lógica à ordem gramatical, ao passo que ler é fazer o movimento contrário. Se a polissemia é uma propriedade das palavras, a plurivocidade é uma propriedade dos enunciados filosóficos.

É a relação entre *forma* e *conteúdo* que determina a (im)possibilidade de um "método de leitura" para o texto. A forma (tese) diz respeito à estrutura argumentativa enquanto o conteúdo (tema) diz respeito às ideias-eixo (centrais). Entretanto, tal relação não pode ser conhecida de antemão, requer, ao contrário, o exercício da leitura. Trata-se de tornar explícito (manifesto) pela leitura o que está implícito e sub- entendido. Compreender a relação entre forma e conteúdo do texto é perceber a lógica de progressão do pensamento (a ordem de exposição dos argumentos) – o movimento que vai do problema à resposta (tese, argumentos). Assim, o processo da leitura implica o progresso lógico do pensamento (seus problemas, argumentos, provas, demonstrações, teses e respostas). O pensamento filosófico é rigoroso, porque implica clareza e distinção.

Assim, a grande dificuldade em se ler um texto filosófico consiste em localizar e desatar o "fio da trama" (do tecido), a fim de encontrar seu início, meio e fim. Pelo ato de ler faz-se a reconstrução lógica e "metodológica" do texto. Se não se pode conhecer *a priori* o modo como um texto deve ser lido, então cabe ao leitor, empreender várias leituras se quiser compreender a estrutura profunda do texto. Ora, a leitura filosófica acontece propriamente no momento da "releitura" do texto filosófico. Assim sendo, não se pode, a rigor, elaborar "guias" de leitura para as obras filosóficas, dado que é somente através do ato de ler que se aprende a ler um texto filosófico. Por isso, não há um método de leitura de aplicação universal, porque cada filosofia instaura o seu próprio método. Nesse sentido, o recurso ao manual de filosofia não permite a experiência

de pensamento que é requerida para o aprendizado filosófico. É função dos manuais oferecerem uma visão sinóptica (à distância, externa e panorâmica), por isso, superficial e simplificada do pensamento de um autor, ao passo que a leitura dos textos clássicos (filosóficos) permite uma visão interna (de profundidade). Nesse sentido, o manual só cumprirá sua função, se remeter o leitor à leitura dos textos originais.

Nesse sentido, todo texto adormece sobre uma tradição interpretativa. Daí dizer que toda leitura é sempre uma nova leitura, visto que permite estabelecer novas relações entre aquilo que o autor diz e aquilo que o leitor tem a dizer. Em cada nova leitura, novos interesses são projetados sobre o texto, novas perspectivas se abrem em vista desses interesses. Ou seja, não se pode extrair tudo (de uma só vez) o que um texto tem a dizer. Ou melhor, o texto filosófico é inesgotável; por isso, não deve apenas ser lido, mas relido.

À semelhança do arqueólogo, o leitor é levado a descobrir novas "camadas sedimentares" (estratos de sentido ou possibilidades interpretativas) no interior do texto filosófico, novos problemas e questões. Por isso, ao leitor não é possível ter um acesso direto ao texto filosófico; é necessário um trabalho de "escavação" (de descoberta) e de remoção dos resíduos sedimentares que encobrem e impedem a aproximação entre leitor e autor. É nesse sentido, que podemos falar de tradições interpretativas.

A distância histórica e cultural que existe entre o autor e o leitor filosóficos permite-nos duas considerações: a primeira diz respeito aos interesses e propósitos do autor quando escreveu a sua obra; a segunda diz respeito aos interesses do leitor quando se põe a ler esta mesma obra. Ora, o autor não pode mais estar presente (*in persona*) para poder esclarecer e responder às indagações do leitor ou defender-se das más interpretações. Por isso, o leitor pode modificar o sentido do texto segundo seus desejos e interesses. Se, para Platão (*Fedro*, 275d-e), a escrita trai o pensamento do autor, para Ricouer (1988, pp. 53-59), é a escrita que permite o pensamento do autor sobreviver (permanecer vivo) ao longo do tempo. Assim, ao leitor de textos filosóficos é necessário interpretar a sua própria leitura, ou seja, interpretar as suas próprias interpretações; conhecer os pressupostos e interesses subjacentes à sua interpretação.

Porém, de acordo com a linguística estruturalista,[9] o texto escrito contém em si seu princípio de inteligibilidade ou de compreensão. Por isso, o texto escrito permite uma única interpretação. O *sentido* do texto é instaurado pelo autor e pelo leitor; é um ato de descoberta e não de imposição do leitor. A *literalidade* do texto contém todo o conteúdo da leitura. Daí pode-se falar de interpretação correta ou incorreta. Nesse sentido, é possível falar de interpretação correta e incorreta, porque a *compreensão* (aquilo que o autor quis dizer) é condição de possibilidade para a *interpretação* (que é aquilo que o leitor tem a dizer sobre aquilo que o autor disse). Ou seja, a *fidelidade* ao sentido original do texto é condição para a interpretação. Lê-se o mesmo texto com

---

[9] Embora existam diferentes representantes e variações do estruturalismo linguístico (Hjelmslev, Benveniste, Bloomfield, Sapir), pode-se dizer que com Saussure (o pai da linguística), é possível distinguir *langue* (língua) de *parole* (fala). Ou seja, a língua é um sistema estruturado (articulado) de sons que tem a função de comunicar (de compreender e de fazer compreender), ao passo que a fala é a realização individual da língua. Na língua, todos os elementos do sistema mantêm entre si uma relação de interdependência. Enquanto sistema abstrato, a língua tem apenas uma dependência interna, por isso, não é criativa, mas descritiva e prescritiva. Ou seja, o indivíduo pode criar e modificar a fala, mas não a língua, que é um fato social. Se Saussure não empregou o termo estrutura (algo que só veio acontecer com Hjelmslev), é, contudo, possível, tomar aqui o conceito de sistema como análogo ao de estrutura. Ver a esse respeito: SAUSSURE, F. de. *Curso de linguística geral*. São Paulo: Cultrix, 1969. SAUSSURE, F. de. *Ecrits de Linguistique Générale*. Paris: Gallimard, 2002. DUCROT, O. *Estruturalismo e linguística*. São Paulo: Cultrix, 1968. LEPSCHY, C.G. *A linguística estrutural*. São Paulo: Perspectiva, 1975. LERO, M. *As grandes correntes da linguística moderna*. Rio de Janeiro: Cultrix, 1971.

interesses diversos, mas não podemos alterar seu conteúdo interpretativo. A *interpretação* correta se apoia na *compreensão*, enquanto que a interpretação incorreta consiste em forçar os limites do texto (exercer uma violência interpretativa), alterando sua ordem e estrutura, desfigurando ou distorcendo o seu verdadeiro sentido.

Já para a hermenêutica filosófica,[10] a interpretação é condição para a compreensão; deve-se ler além do texto (seus contextos, pretextos e intertextos) se quisermos entender o próprio texto. Não se compreende bem o autor pelo autor (pelo texto). Nessa perspectiva, a boa interpretação implica a transgressão dos limites semânticos do texto, a fim de poder encontrar o seu sentido atual. Ou seja, é somente quando tentamos dizer o que não está dito (o que está pressuposto e subentendido) que compreendemos melhor o texto. É possível, portanto, descobrir sentidos ocultos (implícitos), perceber pressupostos ignorados ou negligenciados pelo autor. Diferentemente dos textos científicos,[11] os textos filosóficos se prestam a diferentes interpretações, visto que podem ser lidos a partir de diferentes perspectivas filosóficas. Portanto, qual é a tarefa do leitor? Atribuir ou extrair sentido aos textos? O sentido do texto não é produto de extração nem de atribuição; não é algo que depende apenas do autor nem só do leitor, mas da relação dialética entre ambos.

O texto filosófico é construído segundo a estrutura gramatical de uma língua, por isso, a relação entre as partes de um texto constitui um todo coeso, e que se manifesta

---

[10] Por exemplo, esta posição é defendida ou sustentada por H.-G. Gadamer em *Verdade e método* (1960).

[11] A interpretação dos textos científicos tende a ser menos controversa que a dos textos filosóficos, visto que a linguagem científica tende a ser mais unívoca que a linguagem filosófica. Tal fato se verifica, sobretudo, na pretensão que levantam as teses de cientistas e filósofos. Enquanto os cientistas pretendem solucionar ou pôr fim aos problemas, os filósofos pretendem apenas respondê-los.

nos elementos enunciativos (teses, proposições, problemas, refutações, provas, argumentos e demonstrações), componentes fundamentais do discurso filosófico. Desse modo, a coerência interna (a lógica de construção e de enunciação) do texto filosófico depende de sua estrutura gramatical subjacente. Ou seja, as partes textuais relacionam-se entre si de modo a descrever e expor as diferentes articulações ou fases de desenvolvimento lógico do pensamento. Pode-se dizer que toda atividade filosófica opera e se constitui a partir (de dentro) de uma língua; entretanto, o filósofo transgride os limites conceituais da língua natural (inventa conceitos) para poder dizer ou expressar o seu pensamento. O pensamento do filósofo não só opera no interior de uma língua, mas sobre ela, questionando e investigando as condições de possibilidade da linguagem. Nesse sentido, é como se o filósofo forjasse a sua própria "gramática filosófica", a fim de dizer ou expressar o seu pensamento.

Ora, se a enunciação filosófica se apoia sobre a gramática das línguas naturais, o significado do texto, porém, extrapola e transgride os limites semânticos das línguas naturais. Isto é, a *escrita filosófica* se "textualiza" na medida em que a expressão do pensamento segue as regras de sintaxe das línguas naturais. Ao filósofo, cabe, porém, romper as barreiras semânticas, criar conceitos e introduzir significados novos na linguagem. Nesse sentido, o uso de *metáforas*[12] no discurso filosófico revela uma carência semântica intrínseca à linguagem natural. Ou seja, o filósofo lança mão de metáforas para exprimir o que é inexprimível pelo conceito

---

12 RICOEUR, P. *A metáfora viva*. São Paulo: Loyola, 2000, pp. 13-14, 128. Para este filósofo, a metáfora (conotação) é constitutiva do discurso filosófico, uma vez que é próprio da filosofia inventar novos conceitos e sentidos. Por isso, o discurso filosófico não pode ser reduzido ao discurso lógico (racional), isto é, aos conceitos abstratos. Não pensamos apenas com a razão, mas com os sentidos, a memória e a imaginação.

lógico (literal). Ao operar para além dos limites semânticos da língua, o filósofo encontra no conceito metafórico (não literal ou analógico) a possibilidade de expressão de seu pensamento. Assim, se na poesia e na retórica, a metáfora serve de ornamento à palavra, na filosofia, porém, a metáfora cumpre uma função referencial.

Enquanto referente não empírico, a metáfora opera um deslocamento semântico na linguagem, um movimento que descreve o trânsito que vai do sensível ao não sensível (abstrato ou figurado). Se o ser pode ser dito de muitas maneiras, a metáfora diz o ser (a presença, o que é) e o não ser (a ausência, o que não é); instaura novos sentidos, a fim de suprir a carência semântica das línguas. Dito de outro modo, a metáfora conduz o pensamento do concreto ao conceito – àquilo que é universal e unívoco no pensamento filosófico. Porém, enquanto referente não empírico, a metáfora introduz a plurivocidade de sentidos no discurso. Porque está para além do sentido literal e da definição nominal dos termos, a metáfora estabelece a polissemia do discurso filosófico.

Desse modo, a relação entre filosofia e literatura é marcada pela cooperação mútua, ou seja, enquanto o gramático descreve a estrutura e o funcionamento de uma língua, o filósofo investiga a natureza universal da linguagem, inscrevendo novos usos e aplicações conceituais. Portanto, se cabe ao gramático dizer "como se deve escrever", cabe ao filósofo indagar acerca da natureza do pensamento e da escrita, e nos dizer como podemos (ou devemos) pensar.

## 1.3 – A TEMPORALIDADE DO PENSAMENTO FILOSÓFICO

Embora inseridas numa tradição histórica, as questões filosóficas concernem a todos os homens. Como dissemos, o pensamento filosófico propõe problemas permanentes, por isso, sua relevância e validade excedem (transcendem) o seu tempo, a sua época. É filósofo aquele que pensa contra e para além de seu tempo. É a aderência histórica do pensamento (voltar-se para seu tempo) que impede o filósofo de cair no abstracionismo ou na especulação abstrata. Deve-se, portanto, reler e reinterpretar os filósofos, a fim de redescobrir o seu potencial crítico; assinalar as possibilidades (o alcance) e os limites de seus pensamentos. Assim, o trabalho do filósofo é marcado por *continuidades* e *rupturas*, porque se trata de confrontar-se, a um só tempo, com a tradição filosófica e com o tempo presente. É por isso que se diz que o *texto filosófico* não pode dizer, de uma vez por todas, tudo o que tem a dizer; seu significado é inexaurível.

Ser atual em filosofia significa proceder à análise de sua época, perguntar-se acerca dos problemas que desafiam o homem de seu tempo. Assim, em nossa época, a *atualidade da filosofia* deve ser compreendida em relação à *condição* (o lugar) *e à tarefa* do filósofo em nossa sociedade. Ora, se a *necessidade da filosofia* não decorre de uma condição histórica, a *atualidade da filosofia* diz respeito às circunstâncias ou contingências históricas. Daí que mesmo quando o direito à filosofia é negado, quando a filosofia é banida dos currículos escolares, ou quando carece de prestígio e de reconhecimento da sociedade, disso não se segue que ela (a filosofia) não seja necessária e imprescindível. A *validade* da filosofia depende de si mesma (de seus conceitos, proposições, problemas, argumentos e teses) e não de sua *vigência*.

Portanto, o valor e a necessidade da filosofia não dependem das contingências históricas; das circunstâncias históricas depende a sua maior ou menor urgência. É sempre a partir do diagnóstico do tempo presente que o filósofo pode formular novos problemas filosóficos. *Atualizar a filosofia* significa pensar o homem (e tudo o que lhe diz respeito) a partir do tempo presente. Significa buscar compreender as atuais condições históricas da existência humana, recolocar em discussão os pressupostos, os valores, os critérios e os princípios que orientam e determinam a vida humana, dado que nosso olhar nunca é desarmado. Implica, portanto, pensar o lugar e a função da ciência e da técnica no mundo contemporâneo, a questão da educação, as relações entre os países (nações), o processo de globalização econômica, a destruição das espécies animais e vegetais, a poluição do meio ambiente, a violência social, a fome e a miséria, o consumismo, as estruturas produtivas do sistema capitalista, a questão da liberdade, o problema da justiça, o futuro da humanidade etc. É porque a ciência é cega para seus pressupostos, que a filosofia tornou-se ainda mais necessária em nosso tempo.

A filosofia, assim como toda atividade humana, tem uma história; está inserida e situada na história. O pensamento do filósofo é sempre datado (situado), surge e se circunscreve a partir de determinadas condições históricas. Porém, não se deve pretender encontrar na história as causas da filosofia. O texto filosófico transcende seu tempo ao propor questões universais. O "senso histórico" do filósofo revela-se através da capacidade de pensar os problemas de seu tempo, evidenciando suas possibilidades e limites. Se o filósofo é um homem de seu tempo, então, nada deve ser estranho ao seu olhar e à sua ocupação. Por isso, o "senso histórico" impede que o filósofo deixe cair no esquecimento aquilo que deve ser lembrado. Nesse sentido, a memória histórica cumpre um papel auxiliar no exercício do filosofar. O esquecimento da história representa, para o filósofo, o seu próprio esquecimento.

Se pela história não se pode explicar a origem (o surgimento) da filosofia, pode-se, entretanto, explicar as condições ou circunstâncias culturais, sociais, políticas e econômicas sob as quais o filósofo viveu e pensou, a ação dos fatores externos sobre o seu pensamento. Podemos, por exemplo – saber através da história –, quem foi Descartes, quando e como viveu, o que ocorreu no período em que o filósofo viveu, ou como era a sociedade de sua época. Podemos saber o que pensou, mas não podemos explicar historicamente como e por que Descartes chegou a pensar o que pensou. A originalidade do filósofo não pode ser explicada historicamente. O pensar filosófico é sempre livre frente às determinações de sua época. Assim, historicizar (contextualizar) a filosofia não significa reduzir a filosofia a um fato ou a uma condição histórica, mas situar a filosofia em relação a determinados fatos históricos.

A história da filosofia é condição necessária, porém, é insuficiente para alguém aprender a filosofar. A *condição pela qual* alguém se torna filósofo não pode ser explicada recorrendo-se à história. Não há na história uma causalidade atuando, a qual pudesse explicar a origem ou o surgimento de um filósofo (ou de uma filosofia). A história não é a causa da filosofia. Há algo de subjetivo (inensinável) no pensamento filosófico, que as ciências (a sociologia, a psicologia e a história) não podem explicar. Entretanto, a filosofia sem a história (da filosofia) tornar-se-ia incompreensível. Daí não se segue que o contexto histórico não exerce influência sobre a gestação do pensamento do filósofo. Ao contrário, deve-se recorrer à história não para encontrar uma causa, mas para conhecer as condições objetivas mediante as quais o filósofo tornou-se filósofo. Porém, o filósofo deseja ultrapassar as determinações históricas, pensar para além de uma dada época e lugar. Ou seja, a constituição do *sujeito filosófico* é essencialmente distinta do *sujeito histórico,* uma vez que o pensamento filosófico tem a capacidade de transcender os limites do tempo histórico.

É dever do filósofo alçar-se à altura de seu tempo – interpelar a realidade presente e deixar-se interpelar por ela. Significa dizer que o filósofo pensa não aquilo que lhe convém, mas aquilo que lhe é solicitado pensar. A liberdade do filósofo consiste em pensar de novo (ou de modo diferente) a mesma questão; formular problemas e elaborar respostas diferentes sobre o que já foi pensado. Nesse sentido, os filósofos podem propor as mesmas questões, mas nunca os mesmos problemas, porque é o modo de concebê-los que os distingue. Portanto, se as questões são dadas (ou lançadas) aos filósofos, os problemas filosóficos são inventados pelos filósofos.

Por outro lado, pode-se dizer que é próprio do filósofo "adiantar-se" à história, antecipar e perceber problemas, consequências e implicações de sua filosofia. Contudo, a relação entre filosofia e histórica não é de natureza causal, determinística, mas crítica. O pensamento filosófico não é um simples reflexo (eco) da realidade, mas o exercício da reflexão e da crítica. Ou seja, afirmar a *historicidade da filosofia* não equivale pretender explicar a filosofia pela história. O historiador pode apenas explicar de modo parcial o fato de que uma filosofia surgiu numa determinada época histórica e não em outra. As ideias filosóficas não são reflexos (não decorrem diretamente) dos fatos históricos. Ao contrário, as ideias filosóficas podem fecundar ou mesmo desencadear novos fatos históricos.

O filósofo vive imerso na história (dela se alimenta), mas seu pensamento não se limita àquilo que é histórico – circunstancial ou temporal. Por isso, em última instância, é a própria filosofia que deve explicar-se a si mesma. Se, de um lado, podemos dizer que o pensamento do filósofo ocorre na história, por outro lado, o filósofo é aquele que pensa contra ou para além do tempo presente. Daí dizer que a validade de seu pensamento é transistórica, se estende para além das épocas históricas.

O *tempo histórico* (social ou vivido) não coincide com o *tempo lógico* de que o filósofo lança mão para constituir seu pensamento. É por essa razão, que ainda hoje, somos instigados a ler, por exemplo, Platão, Aristóteles, Descartes, Kant, Hegel e Marx (assim como todos os autores clássicos). Entretanto, tal pretensão não equivale a afirmar que a filosofia pretende ser um pensamento a-histórico, desconectado da realidade humana. De modo contrário, o filósofo compreende melhor a sua filosofia na medida em que conhece a época em que vive, assim como o historiador compreende a história (a época em que vive) na medida em que conhece a filosofia que o inspira.

Assim, o pensamento do filósofo deve ser visto não apenas como uma nova etapa da história da filosofia, mas como uma nova tentativa de se fazer filosofia. Ou seja, o filósofo não só recoloca em discussão a tradição filosófica, as filosofias anteriores, mas exerce sobre elas uma crítica, uma ruptura teórica e conceitual.

Portanto, é inevitável que o filósofo venha a se *defrontar* com os problemas de seu tempo. Embora gestado sob as condições de seu tempo, a validade do pensamento filosófico não se restringe a seu tempo. É tarefa do filósofo compreender a realidade presente, o que implica o exercício da crítica sobre o pensamento vigente (dominante). O filósofo é, por natureza (por dever de ofício) subversivo, insubordinado ou inconformista. Por isso, enquanto instância crítica da sociedade, a filosofia não pode evitar o confronto aberto com o poder político. É função da filosofia enfrentar e desafiar o poder político, denunciar seus erros e absurdos, assim como de todos os sistemas de pensamento mediante as armas da crítica. Para tanto, é necessário manter um *distanciamento crítico* da realidade. Ou seja, o filósofo não se recusa a habitar o mundo, mas em ajustar-se (conformar-se) a ele. Isto é, o filósofo não é alguém que vive distante da realidade, mas distante da forma comum (costumeira) de compreender a realidade.

Assim, a liberdade que convém ao filósofo, não consiste em pensar *desinteressadamente,* mas em pensar contra as determinações de seu tempo. Se o pensamento do filósofo não é neutro (isento de valores), disso não se segue que tem compromissos ideológicos; ao contrário, não pode estar sujeito às imposições do mercado, nem aos interesses de classe ou de um Estado. Todo filósofo elege adversários, trava um combate, uma disputa de poder no campo das ideias. Por isso, toda filosofia nasce em oposição a outra filosofia e às formas não filosóficas de pensamento.

A filosofia não é uma profissão (em sentido estrito), porque não é um saber operacional, mas um saber de formação. Por isso, a transformação da filosofia em profissão é a degeneração da filosofia. O filósofo necessita de liberdade para pensar; capacidade para compreender e analisar os sistemas de pensamento. Nas sociedades contemporâneas, o maior dos desafios que se apresenta à filosofia não é de defender o direito universal à filosofia, mas o de evitar a rendição da própria filosofia aos imperativos e as necessidades do mercado.

A filosofia é antiprofissional por definição; não é uma atividade especializada (no sentido técnico do termo), porque não pode fragmentar o real para investigá-lo. Ao contrário, só é filósofo aquele que tem uma visão do todo (da totalidade). O cientista é aquele que não pode pensar para além de suas fronteiras, porque está encerrado dentro dos limites de seu próprio objeto de estudo. A *competência técnica* (operacional) difere da competência teórico-crítica, assim como a utilidade difere da verdade. Ora, só filosofamos quando transcendemos os interesses imediatos.

*Saber fazer* diz respeito à produção de bens utilitários (às necessidades imediatas), ao passo que a *competência teórica* concerne à capacidade de diferenciar a verdade da falsidade. Por isso, a ideia de profissionalização é indissociável da ideia de especialização, que é um dogma da sociedade burocrática e técnico-cientificista. Daí que, profissionalizar a filosofia, significaria converter o filósofo em "operário" da filosofia. Ora, não é filósofo aquele que pensa sob encomenda, mas aquele que pensa por dever de ofício. O único compromisso do filósofo é a busca da verdade, por isso, seu discurso é sempre um contradiscurso.

Por outro lado, toda filosofia traz um modo de compreender a formação e desenvolvimento do pensamento. Por isso, todo *escrito filosófico* é, primeiramente, endereçado por seu autor a si mesmo. Mostra a ventura de uma mente ou espírito em busca do conhecimento. Por isso, os escritos filosóficos não visam impressionar, nem *instruir* ou *admoestar* seus leitores, mas somente a si mesmos; não contém lições, mas a confissão e a exposição dos desafios e problemas que o filósofo enfrenta na investigação da verdade. Ou seja, a relação entre autor e leitor não é pedagógica, mas antipedagógica.

Nós lemos os filósofos não para consultá-los (ouvir conselhos, buscar informações ou conhecimentos), mas para, primeiramente, segui-los e depois, superá-los (ou ultrapassá-los). Ou seja, lemos os filósofos para entender o que pensaram, para reconstruir em nós mesmos os processos cognitivos mediante os quais têm chegado a pensar o que pensaram. Por isso, o pensamento do leitor vai da compreensão à crítica. É necessário refrear o seu pensamento para ouvir o do autor. Daí que para escrever filosofia é necessário exercitar-se no pensamento.

Entretanto, o filósofo é um *funcionário* da humanidade e não do sistema político-econômico. O sentido da filosofia consiste em buscar desvendar o sentido da experiência humana ao longo da história. Por isso, tudo o que impede a promoção e o desenvolvimento da vida humana é objeto da reflexão filosófica. Ao filósofo cabe, sobretudo, denunciar as agressões contra o ser humano, a banalização da vida. É para compreender o lugar do homem no mundo que nos dispomos a filosofar. Nesse sentido, filósofo é aquele que abandona a sua própria causa para poder assumir a causa da humanidade; é aquele que se ocupa não tanto com as questões particulares (individuais), mas com as questões que interessam a todos os seres humanos. Por isso, o pensar filosófico é sempre contra-hegemônico. Ou seja, é porque em nossa época a filosofia é vista como inútil – que não é imprescindível filosofar.

Como dissemos, o pensamento filosófico está situado no tempo histórico, mas é estruturado ou produzido segundo o tempo lógico. Por isso, transcende seu tempo, é sempre atual. Nesse sentido, só existe filosofia contemporânea. Os filósofos do passado não estão superados nem ultrapassados. Um texto clássico é aquele que nunca acabou de dizer o que tinha a dizer. Dito de outro modo, o filósofo está sempre à frente de seu tempo e de sua época. Seu pensamento se projeta para frente (para além de seu tempo), sem estar fora do tempo.

Assim, o pensamento do filósofo ultrapassa o seu tempo, os limites temporais de uma época para tornar-se atual. Há, contudo, uma diferença entre *vigência e validade* de uma filosofia. Ou seja, o valor de uma filosofia não reside na vigência de suas ideias, mas na validade de suas teses. Se o filósofo é aquele que é capaz de pensar o que ainda não foi pensado, então a realidade é sempre anacrônica em relação ao pensamento filosófico. É como se o filósofo habitasse dois mundos: o mundo dos fatos e o mundo das ideias.

Se o pensamento do filósofo está inserido na história (ou tem uma história), ele não se deixa, entretanto, ser aprisionado pela história. A filosofia emerge da história, mas não nasce da história. Por isso, n*ão há causas* históricas que possam explicar a origem de uma filosofia, apenas condições, motivos ou razões históricas. Se a filosofia é filha de seu tempo, disso não se segue que seu valor ou que a validade de suas teses esteja circunscrita à sua época. Como dissemos, *sujeito histórico* e *sujeito filosófico* não se identificam. O conhecimento histórico é determinado em seu conteúdo por uma época e por um lugar; a sua consciência depende das suas circunstâncias espaço-temporais. O pensamento filosófico é aquele que sobrevive à passagem do tempo, não está sujeito a ele.

## 1.4 – INTERROGAR E COMPREENDER A REALIDADE: O EXERCÍCIO CRÍTICO DO PENSAMENTO

O texto filosófico é fruto de um exercício de pensamento, porque se apoia sobre conceitos, problemas e argumentos que são as ferramentas filosóficas fundamentais. Por isso, o ato de escrever não só expressa, mas constitui o pensamento filosófico; é um *meio* para exercitar o próprio pensamento. Daí dizer que há uma diferença fundamental entre conhecer a história da filosofia e saber filosofia (saber filosofar).

*Fazer filosofia* é diferente de conhecer história da filosofia. Ao filosofar, o filósofo introduz um recomeço (reinício) na história da filosofia, uma nova filosofia. Assim, a força de uma filosofia reside na capacidade do filósofo instaurar uma nova forma de conceber a filosofia. *Fazer filosofia* é seguir o exemplo (gesto) dos filósofos, o que não significa que devemos seguir esta ou aquela filosofia.

O aprendizado da filosofia implica uma ruptura com a tradição, com os mestres e com todo tipo de dependência teórica ou intelectual. Seguir a si mesmo é a única divisa do filósofo e daquele que deseja aprender filosofia. Porém, a autonomia intelectual não é uma concessão, mas uma conquista, por isso, demanda tempo e esforço individual. Assim, a construção da autonomia é um processo que se faz e se refaz continuamente ao longo de uma experiência de pensamento. Pode-se pensar apoiado nos outros pensamentos, mas a verdadeira filosofia requer independência, liberdade intelectual. Se ensinarmos alguém a pensar, não lhe ensinaremos a pensar filosoficamente.

O texto filosófico é constituído pela relação entre elementos lógico-conceituais. É o autor que ao produzir seu texto introduz uma determinada estrutura lógico-gramatical e suas possibilidades de leitura. A escrita e a leitura realizam um movimento que vai da parte ao todo e vice-versa. A proposição de uma nova filosofia implica a reformulação e a demarcação de todo o campo filosófico. Ou seja, todos os problemas filosóficos adquirem nova formulação de acordo com os pressupostos que os sustentam. Assim, o objeto e o método da filosofia dependem, em última instância, da filosofia que os inspira. É a conjugação de diferentes elementos teóricos (ideias, problemas, argumentos e teses) que torna o campo da reflexão filosófica complexo para o pensamento. Assim, ao contrário do cientista, o filósofo não pode fragmentar, seccionar ou dividir a realidade se quiser compreendê-la de modo crítico.

A totalidade enquanto princípio de interpretação impõe ao filósofo, a necessidade de compreender a realidade em sua complexidade de relações, ao invés de isolar seus elementos constituintes. Porém, pretender conhecer o todo (a totalidade do real), não é o mesmo que pretender conhecer *tudo* da realidade. Já não é mais possível conhecer tudo, porque o avanço científico produz um conhecimento especializado (fragmentado). O olhar filosófico não é equivalente ao olhar do cientista. O cientista dirige seu olhar para um problema particular, ao passo que o filósofo se interessa por problemas universais.

Ao filósofo compete transitar (mover-se) nas fronteiras do conhecimento, a fim de compreender os pressupostos de todo pensamento – aquilo que torna possível o contato entre os diferentes territórios. Por exemplo, enquanto o historiador se pergunta sobre o que aconteceu em uma determinada época, o filósofo pergunta, *o que é o tempo? O que é um fato?* Se o biólogo quer explicar os processos de reprodução e de manutenção da vida (animal e vegetal), o filósofo pergunta, *o que é a vida? Qual é o sentido da vida humana?* Por isso se diz que a compreensão filosófica da realidade não pode ser reduzida à explicação científica. Ou seja, a ciência não é um sucedâneo da filosofia; o cientista não pode substituir o filósofo. Ao contrário, o desenvolvimento da ciência traz novos problemas filosóficos.

O pensamento filosófico tem a pretensão de ser omniabrangente, enquanto que o pensamento científico tende a ser especializado e específico. Conforme vimos, o cientista pretende conhecer a realidade mediante causas explicativas, ao passo que o filósofo pretende compreender as razões de tudo o que existe. Por isso, não só as respostas filosóficas são distintas das científicas, mas as perguntas.

Por isso, o pensar do filósofo é expressão do desejo de saber, da procura pelo conhecimento das coisas. A reflexão filosófica não é especulação vazia, mas o lugar do confronto do pensamento com a realidade. Ser e pensar não são necessariamente idênticos. O texto filosófico descreve o percurso, a aventura de um pensamento, que assim como a realidade, compõe-se de elementos simples. A complexidade do real resulta da relação que os elementos simples mantêm entre si. As ideias enquanto unidades mínimas do pensamento funcionam como instrumento teórico na mente do filósofo. No texto filosófico, o pensamento transita entre o simples e o complexo, o concreto e o abstrato, demonstrando a analogia que existe entre a estrutura da razão e da realidade.

*Para ler e escrever textos filosóficos*

O discurso filosófico se constitui como crítica; impõe ao pensamento critérios para julgar, distinguir ou discernir as coisas. As palavras *crise, critério* e *crítica* são cognatas, derivam do mesmo radical grego (*kriseo*), que significa distinguir, discernir. Entretanto, o conceito e o sentido da crítica filosófica diferem de filósofo para filósofo. O que parece ser comum aos textos filosóficos é a tentativa de compreender a estrutura da realidade, a natureza do pensamento e o lugar do homem no mundo.

O filósofo recusa a intervenção de forças sobrenaturais para compreender o que é natural. A filosofia surge historicamente como *crítica* às formas míticas e supersticiosas de explicação da realidade, porque contradizem o uso lógico e conceitual do pensamento. Em filosofia, deve-se recusar tudo o que não é racionalmente justificado, a fim de poder erigir critérios de validade universal para o pensamento.

A crítica filosófica implica a autocrítica; o filósofo deve opor seu pensamento a outro pensamento, pensar contra si mesmo se quiser livrar-se dos prejuízos e preconceitos adquiridos. A radicalidade crítica do filósofo consiste, portanto, em distinguir conceitualmente as coisas, em distinguir a aparência da realidade. Consiste explicitar o que se encontra implícito em seu pensamento, demonstrar e provar através de raciocínios e argumentos, suas teses e teorias. Nesse sentido, o discurso filosófico transforma-se num dispositivo crítico, num instrumento privilegiado para se pensar o próprio pensamento. Todo pensamento é sempre pensamento acerca de algo, por isso, o texto escrito remete para algo (fora dele), para aquilo que não está escrito.

Assim, a filosofia consignada no texto filosófico é um exercício crítico de pensamento, porque exige do filósofo a capacidade de formular problemas. Ora, o filósofo tem aversão às respostas *fáceis, superficiais e simplificadoras*. Os preconceitos, isto é, os hábitos arraigados de pensamento (nossa tendência em aceitar como verdadeiro aquilo que os sentidos nos informam acerca das coisas) constituem sérios obstáculos à filosofia. O cultivo do pensamento filosófico tem suas próprias regras e exigências.

O filósofo sabe que a compreensão crítica da realidade não está na aparência das coisas, nem na opinião do senso comum. O filósofo desconfia do que parece ser óbvio ou natural. Ele é alguém inquieto, insatisfeito e perplexo, resiste em ajustar-se – adaptar-se – à sociedade e à forma dominante de pensar. Por essa razão, a filosofia é vista como perturbadora da ordem estabelecida. O filósofo é sempre inoportuno porque é impertinente, por isso, corre o risco de ser expulso ou banido da sociedade. Entretanto, se a filosofia é inoportuna, é porque é sempre hora de filosofar. Ou seja, é ofício do filósofo questionar e desafiar o poder estabelecido; interrogar, indagar, exibir e exigir justificativas para aquilo que se diz, para aquilo que se pensa e se faz. Significa opor resistência às imposições ideológicas, desafiar o pensamento autoritário e dominante de sua época.

A habilidade do filósofo consiste em formular problemas, em perceber e pensar o que a maioria dos homens é incapaz de perceber e pensar. Por isso, não existe filosofia fácil. Aprendemos com Kant[13] que a prática da filosofia é incompatível com a preguiça, com a falta de coragem e decisão pessoal. Por outro lado, deve-se dizer que esta é uma das razões pelas quais a filosofia é, em nosso tempo, não só desprezada, mas desconhecida.

O texto filosófico não é escrito necessariamente para especialistas (filósofos de ofício). Porém, quando isso acontece, o filósofo atribui aos termos um sentido não usual.

---

13 *Resposta à pergunta: que é esclarecimento?* Petrópolis: Vozes, 1974, p. 100.

Para alguns filósofos,[14] a língua natural permite formular e expressar todos os problemas filosóficos. O filósofo deve dizer coisas incomuns com palavras comuns, ao invés de dizer coisas comuns com palavras incomuns; ou seja, a clareza deve ser a cortesia, a virtude maior do filósofo.

O fato é que a filosofia em quase todas as épocas históricas tem sido uma atividade de poucos (esclarecidos). O acesso à filosofia — que deveria ser um direito de todos os homens — se transformou ao longo da história, num privilégio de poucos. Por isso, a discussão sobre a linguagem técnica da filosofia abriga, fundamentalmente, duas interpretações: a primeira interpretação acusa os filósofos de serem elitistas e aristocráticos, porque escrevem seus *textos* para um público especializado, restringindo assim, o acesso ao pensamento filosófico. Alguns poucos iluminados teriam condição e interesse em ler e compreender de fato a filosofia. Por isso, a ideia de uma linguagem privada (que só os filósofos entendessem) é um absurdo porque a linguagem é uma prática social (pública). Para esses filósofos a filosofia, quando lança mão da linguagem técnica, torna-se obscura e incompreensível, portanto, contrário ao espírito filosófico de suas origens.

A segunda posição considera que os termos e conceitos das línguas naturais são insuficientes para se expressar o pensamento filosófico. Nesse sentido, as línguas naturais não comportam (abarcam) todo pensamento filosófico, necessitando-se assim, da criação de um léxico próprio a partir da combinação e justaposição de palavras. A aparente obscuridade ou impenetrabilidade da linguagem filosófica deve-se à diferença semântica existente entre a linguagem

---

14 Ver, por exemplo: WITTGENSTEIN, L. *Investigações filosóficas*. São Paulo: Abril Cultural, 1984.

do autor e a do leitor do texto filosófico. Nesse sentido, torna-se necessário o conhecimento do léxico do filósofo para compreender a sua filosofia.

Toda filosofia tem valor formativo, resulta do aprendizado do pensamento. Como sabemos, o maior e mais urgente problema que a filosofia pode formular diz respeito ao próprio homem. Ou seja, a tarefa da filosofia é essencialmente formativa (é um saber de formação). Porém, disso não decorre que o lugar natural da filosofia seja a instituição de ensino. A educação (formação) é um processo mais amplo, o que significa dizer que mesmo quando ausente nas instituições de ensino, a filosofia não deixa de ser necessária à educação. Por exemplo, para Sócrates o lugar mais apropriado ao exercício da filosofia era a *praça pública* (*ágora*); lugar onde não existia coerção nem autoridade, a não ser a própria razão. A institucionalização da filosofia impõe uma restrição à liberdade de pensamento; a subordinação do pensamento do discípulo ao pensamento do mestre.

Em nossa época, a profissionalização da filosofia decorrente de sua institucionalização pode acarretar a morte da própria filosofia, porque o que importa, não é encorajar os aprendizes a forjarem ou a criarem o seu próprio pensamento, mas a repetirem o pensamento já pensado. Nesse sentido, o professor de filosofia torna-se uma figura antifilosófica, porque substitui o exercício (o cultivo) do filosofar pelo culto da filosofia ou pela devoção aos filósofos. O dogmatismo filosófico é pernicioso à formação filosófica, visto que confina o pensamento aos estreitos limites de determinados pressupostos, fazendo sucumbir a crítica à crença.

O sentido filosófico da educação não está na instrução técnica, mas na formação de indivíduos críticos e autônomos. É preciso não somente conhecer-se, mas inventar-se a si mesmo. O homem não nasce pronto (acabado). Ao contrário, cada homem tem a tarefa de fazer-se a si mesmo. Ora, existe uma distância entre o que somos e o que queremos ser, que é o lugar e o papel da educação. Poder-se-ia perguntar: existe uma essência humana à espera de desenvolvimento, uma potência a ser atualizada? O certo é que o homem é um ser educável, por isso, precisa criar e erigir para si mesmo os seus próprios meios e fins.

Historicamente, a filosofia produziu uma diversidade de teorias, demonstrando, assim, as possibilidades do próprio pensamento. Nesse sentido, toda filosofia representa o reinício da atividade do pensamento. Por isso, dizer que a principal função do texto filosófico é suscitar e instigar o pensamento do leitor; fazê-lo pensar de uma maneira nova e original. Desse modo, a necessidade de mudar a forma de pensar, constitui uma condição de possibilidade do aprendizado da filosofia.

Nesse sentido, a divisa socrática "só sei que nada sei" é expressão autêntica do insaciável desejo de saber que acompanha o pensamento do filósofo. A confissão da ignorância é o princípio da sabedoria. Daí que o filósofo – na condição de autor – não pode pensar pelo leitor, mas possibilitar um exercício (uma experiência) de pensamento. Não pode dizer o que se deve pensar, mas como se pode pensar; incita-nos a pensar as condições de validade do próprio pensamento. Sob esse aspecto, cada filósofo é, por ofício, um educador (mestre), porque inventa novas possibilidades de pensar e de existir. Portanto, a pretensão formativa encontra-se no bojo da própria filosofia.

Se toda filosofia tem um valor formativo, é porque cultiva as potencialidades do pensamento. As questões: *que homem formar? Por que e para que educar?* – são questões filosóficas. Essa é sua especificidade. Desde suas origens gregas, filosofia e educação são conaturais (nasceram juntas). Portanto, quando

49

a filosofia abdicar da tarefa educativa, é porque deixou de ser filosófica. Ou seja, educar o homem (sua humanidade) é tarefa permanente e insuprimível da filosofia.

Todavia, é necessário seguir o percurso de um pensamento para poder compreender o procedimento e os critérios de sua produção. Por isso, aquele que se recusa a percorrer o caminho traçado pelo filósofo, isto é, a refazer o exercício reflexivo de seu pensamento, está destinado, de antemão, a não compreender sua filosofia. Assim, há uma diferença entre aquele que observa de fora e aquele que experimenta uma filosofia. O "olhar externo" é um olhar à distância, porque só percebe o que está à superfície, ao passo que o "olhar interno" é capaz de sondar e perceber detalhes, diferenças e similitudes entre as filosofias; permite fazer uma aproximação (imersão no texto), realizar uma experiência de pensamento, perceber problemas que uma filosofia inaugura e responde.

Portanto, só sabemos filosofia quando tivermos experimentado filosofar. Ou seja, não se pode pretender dizer o que é a filosofia, sem filosofar. Somente se pode enunciar o que é filosofia de dentro de uma filosofia. Daí se segue que não é possível uma "introdução à filosofia", mas somente uma iniciação filosófica. A rigor, ninguém pode ser introduzido à filosofia. Toda tentativa de definir a filosofia traz consigo a afirmação de uma filosofia e a negação de outra filosofia, porque a filosofia é plural; não é um saber sempre idêntico a si mesmo.

Portanto, a diversidade de filosofias expõe um paradoxo: a filosofia é, por definição, indefinível. Tal paradoxo mostra que a pretensão de definir a filosofia é sempre um ato antifilosófico; representa uma atitude dogmática, contrária ao espírito e à prática da filosofia. Ora, se não é possível definir a filosofia, é porque ainda é tempo de filosofar. O pensamento que não se autodetermina é produto da ilusão e do preconceito, não possui critérios de rigor e relevância. Nesse sentido, "fazer filosofia" é travar um "combate" incessante tanto contra as formas não filosóficas de pensamento quanto contra as outras formas filosóficas de pensar, a fim de compreender o modo como se compreende a realidade e o próprio pensamento.

De acordo com os metafísicos, tal pretensão constitui o aguilhão da crítica filosófica. Ou seja, para os metafísicos, o *saber filosófico* é um saber que se exerce tanto sobre si mesmo quanto sobre os outros sistemas de pensamento. Entretanto, é preciso perguntar: o que confere tal direito à filosofia? Ora, em todos os sistemas de pensamento existem pressupostos e implicações filosóficas. Se a metáfora da construção elucida melhor a tarefa da ciência, a metáfora da escavação ilustra melhor a tarefa crítica da filosofia.

Na Grécia Antiga, a filosofia era vista pelos filósofos como um saber hierarquicamente superior a todos os outros saberes. Porém, contemporaneamente, a oposição entre metafísicos e antimetafísicos põe novamente em discussão a questão acerca da (im)possibilidade de a filosofia fundamentar o conhecimento. Para os metafísicos, se a filosofia deixar de ser *um saber fundamental* (dos fundamentos), então converte-se em um saber entre os demais saberes, enfraquecendo seu potencial crítico. Porém, para os antimetafísicos, a filosofia deve abdicar da pretensão fundamentadora, porque é fruto de uma ilusão metafísica.

O filósofo é um *intérprete* de si e dos outros saberes, não um juiz soberano. Contudo, resta saber se é possível conceber os diferentes saberes sem uma fundamentação filosófica. Ora, positivismo e neopositivismo (positivismo lógico) constituem tentativas diferentes de fundar as ciências sobre si mesmas. Caudatária da ciência, a filosofia deixa de ser uma investigação metafísica para se converter em análise da linguagem científica, dado que não caberia mais a ela a tarefa de fundar (e fundamentar) o conhecimento. Porém, não seria essa tentativa uma forma dissimulada de a ciência reivindicar para si o papel da filosofia? A diversidade e o conflito entre as filosofias, assim como a relação conflitiva entre filosofia e ciência revelam a natureza interdisciplinar do conhecimento. Por isso, é necessário distinguir o *pensamento filosófico* do *pensamento científico*. Ou seja, diferentemente dos enunciados científicos que necessitam de comprovação empírica (fatual), os enunciados filosóficos não necessitam (e nem podem) ser comprovados empiricamente.

Por outro lado, se a filosofia é um saber que sabe de si, então, a primeira e a mais fundamental questão lançada contra a filosofia é a de saber em que consiste a capacidade filosófica do pensamento. Quais são os atributos e as especificidades desse pensamento? É possível aferir a natureza filosófica do pensamento? Ora, a resposta a essa questão pressupõe uma filosofia de modo que não é possível definir de uma vez por todas o que seja a filosofia. A pergunta pela natureza da filosofia requer o exercício da filosofia. É através da *exposição* de seu pensamento que o filósofo pode *dizer* e *explicar* o que concebe por filosofia. Nesse sentido, toda obra filosófica consiste, fundamentalmente, em tentar responder a uma única questão: *o que é a filosofia?*

Ora, o discurso filosófico se constitui mediante enunciados e proposições regidos por uma lógica de investigação. Os enunciados filosóficos se sustentam em base na consistência, coerência e consequência lógicas. Por isso, é a validade lógica de uma tese filosófica que a torna aceitável ou passível de demonstração. O filósofo investe contra a maneira habitual de pensar, a fim de romper com o senso comum (com as ideias infundadas).

Porém, para o metafísico, o sujeito filosófico é capaz de apreender a essência da realidade, por isso estabelece uma ordem hierárquica entre as impressões sensoriais e as ideias. No pensar filosófico subjaz uma diferença entre *ser* e *devir*. A razão é a faculdade filosófica por excelência. Tributária do idealismo platônico, tal concepção estabelece uma separação entre o mundo das aparências (sensível) e o mundo das essências (ideal). Aristóteles, à sua maneira, pretendeu romper e superar as contradições, os impasses e os problemas decorrentes da metafísica platônica. A crítica aristotélica visa demonstrar a ilusão metafísica em que incorre seu mestre Platão. A ideia não é uma realidade subsistente ou separada das coisas sensíveis (objetos do mundo), mas inerente ao próprio mundo.

## 1.5 – UNIVERSALIDADE, TRADUZIBILIDADE E INACABAMENTO DO PENSAMENTO

O pensamento filosófico se eleva acima do aqui e agora (do senso comum), porque formula problemas e questões permanentes e universais. Ou seja, a filosofia aspira à universalidade; o discurso filosófico visa o auditório universal. Se o filósofo tem pátria – uma origem e uma identidade nacional –, a filosofia é apátrida. Dito de outro modo, o filósofo pensa o universal a partir do particular. Embora vivendo num determinado país (ou nação), o filósofo pensa para além do seu tempo e das fronteiras nacionais. Se a filosofia aspira ao universal, é porque investiga problemas universais e não problemas particulares. Nesse sentido, a ideia de uma filosofia nacional seria autocontraditória, uma vez que as questões filosóficas interessam a todos os homens (de todos os tempos e lugares) e não apenas aos homens de seu tempo ou de uma determinada época.

A *universalidade* que caracteriza o texto filosófico resulta, portanto, do fato de que ele é um produto da razão humana, da criatividade e da inventividade do pensamento racional. O auditório (destinatário) da filosofia é o leitor universal. Porém, disso não decorre que o filósofo não se interessa pelo particular. A realidade particular constitui o ponto de partida, mas não o ponto de chegada de seu pensamento. Por essa razão, é possível dizer que a filosofia é traduzível para as diferentes línguas. Em tese, não há uma língua mais filosófica que outra, dado que as línguas contêm elementos comuns (universais).[15] Traduzir um texto filosófico significa verter ou "transpor" para outra língua, ideias e conceitos que foram originados em contexto linguístico diferente. Por isso, as diferenças linguísticas podem abrigar dificuldades de tradução, não, porém, a sua impossibilidade.

A leitura das obras filosóficas constitui um exercício singular de iniciação filosófica, na medida em que possibilita uma relação de aproximação e uma relação com o pensamento dos filósofos. Nesse sentido, é um instrumento pedagógico, porque serve de exercício para o aprendizado filosófico do pensamento. Entretanto, o acesso às obras dos filósofos não é uma tarefa simples e imediata. As dificuldades de compreensão revelam-se, muitas vezes, como parte da complexidade de uma filosofia. Assim, poder-se-ia supor que o domínio da língua do filósofo poderia tornar menos árduo (ou mais brando) o processo da leitura. Ora, o que ocorre é que os termos filosóficos não são de largo uso, o que torna igualmente difícil a leitura de uma obra filosófica pelo leitor que fala a mesma língua do autor.

---

15  Nesse sentido, encontra-se, entre outras, a tese de Jerry A. Fodor (*The Language of Thought*, 1975).

Ao leitor de filosofia não basta conhecer a língua do autor, é necessário conhecer os significados dos termos empregados pelo filósofo. O leitor deve, por isso, ler dicionários especializados (que versam sobre o pensamento dos filósofos) ou dicionários de filosofia (em geral) se quiser abrir (mais facilmente) uma via de acesso ao pensamento dos filósofos. Se não temos acesso às obras originais dos filósofos, a leitura de traduções ou de edições de referência pode tornar possível a compreensão de uma filosofia. Embora seja controversa a afirmação de que os problemas de tradução são problemas de interpretação, é possível, entretanto, dizer que toda tradução consiste na transposição (transcrição) do sentido original de um termo (ou conceito) de uma língua para outra língua.

A obra filosófica é, por sua própria natureza, incompleta e inacabada. O inacabamento da obra filosófica resulta do fato de que é impossível encerrar (por fim a) uma discussão. Isso não significa que o autor não concluiu a sua obra, mas que ele não poderia tê-la acabado, encerrado a reflexão. Dito de outro modo, num texto não cabe todo o filosofar. Não há um ponto final na filosofia; o texto filosófico é um texto aberto, suscetível de interpretações, correções, acréscimos e alterações.

Ao escrever a sua obra, o autor sabe que está tornando públicas as suas ideias, ou seja, pelo ato de escrever o autor não só expressa o seu pensamento, mas submete-o a críticas, estabelece confrontos e contraposições. Nesse sentido, cabe ao leitor a tarefa de completar (terminar) a obra filosófica, por isso é instigado a reescrevê-la. Ora, tal questão remete-nos para a diferença entre *filosofia* e *filosofar*. A expressão escrita do pensamento filosófico dá origem à história da filosofia. O filosofar é sempre uma atividade de apropriação e de elaboração racional do pensamento. É no movimento que vai da filosofia ao filosofar, da escrita à fala e da fala à escrita que tem origem o filosofar. Dito de outro modo, a tarefa e o destino do leitor é tornar-se autor e intérprete.

Embora não seja interminável, o trabalho do pensamento é infindável, por duas razões: primeiro, porque é possível interromper um curso do pensamento, mas não o pensamento; segundo, porque sempre temos algo a dizer sobre o que já pensamos. O ato filosófico é, em essência, um ato de interpretação. A compreensão filosófica vai do *ser* (do que existe) para o *pensar*, que é o ato pelo qual o pensamento se apossa de si mesmo. Ora, nessa tentativa, o desejo de saber do filósofo revela-se insaciável. Não é filósofo aquele que tudo sabe, mas aquele que tudo deseja saber.

Por isso, o dogmatismo é uma atitude antifilosófica, porque nela o pensamento se manifesta como afirmação e não como interrogação (abertura), que é a forma originária de pensar. Nesse sentido, a pergunta cumpre dupla função na atividade filosófica: põe em marcha (em movimento) o pensamento e, ao mesmo tempo, determina a sua direção. Ao perguntar, o pensamento é mobilizado a buscar o que não sabe, e a seguir numa determinada direção. Desse modo, o pensamento realiza um movimento de duplo sentido: o da *extensão* e o da *profundidade*. Porém, o filósofo sabe que seu saber nunca é total e definitivo, mas parcial, provisório e limitado. Ou seja, o pensamento filosófico se move entre dois extremos: vai do *não saber* ao *saber* e vice-versa.

Portanto, é sempre necessário pensar de novo (repensar ou pensar outra vez) não só o que já foi pensado, mas o próprio pensamento, seus princípios e critérios. Retomar e retornar não são movimentos repetitivos do pensamento, mas de expansão e aprofundamento, dado que só podemos perceber bem algo quando fixamos o olhar (nos detemos) sobre o objeto do pensamento. Ou seja, o pensamento se torna filosófico quando é capaz de interrogar a si mesmo.

Entre o desejo de saber e o objeto do pensamento há uma distância a ser percorrida. Ora, pensar é percorrer essa distância, sabendo de antemão, que se pode encontrar pelo caminho obstáculos e desvios. Por isso, pensar é arriscado e perigoso, porque nos leva para lugares nunca avistados e para paisagens desconhecidas. O risco não é de seguir por caminhos nunca trilhados, mas de se perder.

Embora saiba que não pode errar, o filósofo erra. Entretanto, nem todo erro acarreta o mesmo efeito no interior do pensamento filosófico. O caráter falível de seu pensamento resulta do fato de que o filósofo é um homem (ser finito e imperfeito). Por isso, não tem a obrigação de produzir um pensamento completo ou irretorquível (absolutamente correto). Porém, o erro lógico ou de pensamento pode comprometer a validade de seus argumentos e de sua tese. Pensar é transgredir, colocar-se do outro lado da margem, o que implica uma travessia muitas vezes arriscada. Por isso, fazer filosofia é retificar seu pensamento mediante a aplicação de novos critérios e regras. Implica perceber, não só os limites, mas as lacunas, as contradições e as implicações de seu pensamento. A filosofia surge como atitude inquiridora (interrogação), mas se realiza como atividade investigativa e se manifesta (materializa) como discurso. Assim, o discurso escrito (o texto filosófico) é um instrumento de produção e de comunicação do pensamento. Portanto, enquanto obra do pensamento, o texto filosófico[16] é um meio privilegiado de iniciação filosófica e uma permanente fonte de inspiração. Ou seja, o processo de produção do *discurso filosófico* contempla múltiplos aspectos, que podem ser, sinteticamente, representados (abaixo). A fim de representar esquematicamente o conceito de filosofia e de

---

16  GUÉROULT, M. O problema da legitimidade da história da filosofia. *Reflexão*, n. 78. Campinas, PUC, 2000, p. 162.

seus componentes estruturais, o que segue serve de ilustração para a compreensão das condições e das exigências do pensamento filosófico:

A partir dessa visão esquemática, é possível divisar os seguintes elementos estruturais do texto ou discurso filosófico:

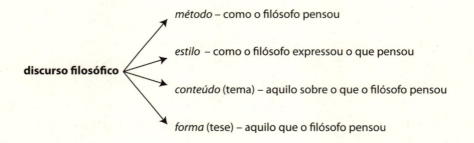

## CAPÍTULO 2

## A leitura filosófica

A *leitura* é uma atividade eminentemente intelectual, porque visa compreender criticamente aquilo que lemos. Por isso, o ato de ler não se esgota na decodificação de letras e palavras; é, antes de tudo, a apreensão do sentido do texto. Do ponto de vista filosófico, não é o texto que torna a leitura filosófica. Ou seja, ler filosoficamente não é o mesmo que ler textos filosóficos. Assim, a leitura não é necessariamente filosófica, porque é uma leitura de um texto filosófico. A leitura filosófica implica, de um lado, compreender aquilo que o seu autor disse e, de outro, perceber aquilo que ele deixou de dizer. Porém, a compreensão para os estruturalistas[17] não pode exceder (ultrapassar) os limites do texto.

Compreender é apreender o significado do texto pelo texto. Ater-se ao texto significa limitar-se à análise de sua estrutura argumentativa; apreender o sentido que se encontra na superfície do próprio texto. O contexto de produção e de recepção de um texto nos permite compreender suas origens e apropriações, mas não o seu significado. Por isso, a literalidade do texto é a condição e o limite da compreensão. Ou seja, somente desvinculado de seu contexto histórico, o texto filosófico se torna

---

17 Ver, por exemplo, SAUSSURE, F. de. *Curso de linguística geral*. São Paulo: Cultrix, 2000.

passível de leitura e compreensão. Ora, isso só é possível se o leitor estiver disposto a fazer o exercício (a experiência) de pensamento proposto pelo autor. Para compreender é necessário acompanhar o movimento (a marcha) do pensamento do autor, suas articulações e desdobramentos.

Todavia, a leitura filosófica não se esgota na compreensão, requer a interpretação (a crítica e o comentário textual). Enquanto a compreensão é um ato de extração, a interpretação é sempre um ato de introdução. Quem interpreta visa explicitar pressupostos e implicações. Trata-se de dizer aquilo que não foi dito, de completar o sentido de um texto. Ou seja, é como se quiséssemos reescrever o texto sob outra perspectiva. A explicação e o comentário constituem, nesse sentido, o expediente filosófico por excelência. Porém, a interpretação só é possível a partir da compreensão. A crítica quando desacompanhada da compreensão, torna-se inútil e irrelevante.

Contudo, ler e pensar não são a mesma coisa. Quem lê pensa apoiado em outro pensamento. Porém, é possível pensar filosoficamente enquanto lemos, desde que pensamos sobre o que lemos. A leitura é um exercício de pensamento, mas o pensamento vai (ou deve ir) para além da leitura. Em filosofia, o mais importante não é saber o que os outros pensaram, mas saber o que eles deixaram de pensar. Porém, não se pode saber o que os outros deixaram de pensar sem saber o que eles pensaram. Por isso, a leitura é um exercício de iniciação filosófica. Prescindir da leitura filosófica é prescindir talvez do melhor instrumento de iniciação filosófica. Aprendemos a pensar filosoficamente com (e contra) os filósofos e não com os não filósofos.

A capacidade crítica e a criatividade são os traços principais do pensamento filosófico. Porém, a independência (autonomia) de pensamento só é possível quando se é capaz

de inventar seus próprios pensamentos. Porém, não se pode aprender a pensar de modo filosófico, senão, pensando como os filósofos pensam. Nós sempre pensamos a partir de outro pensamento. Se para aprender a caminhar precisamos do apoio dos outros, não é apoiando-se nos outros que somos capazes de caminhar. Ora, tal fato também ocorre na filosofia. Ou seja, para aprender a pensar é necessário apoiar-se no pensamento alheio, mas saber pensar, não é pensar o que os outros pensaram; é forjar seu próprio pensamento.

A divergência de ideias, a diferença de concepção do que seja a realidade é uma característica do pensamento filosófico. Em relação à leitura, a filosofia não é diferente. Cada filosofia produz não só um discurso filosófico, mas uma nova concepção de discurso filosófico e suas regras de enunciação. Por isso cumpre seguir indagando: que significa ler um texto? Ou seja, quando uma leitura é filosófica? Quem é o leitor? Por que lemos? Ora, cada questão requer uma resposta, que não é única nem definitiva. O próprio aprendizado da leitura é dinâmico e não estático. A competência em leitura depende do desenvolvimento da capacidade de refletir e compreender.

## 2.1 – O QUE SIGNIFICA LER FILOSOFICAMENTE?

A leitura de textos filosóficos não é necessariamente filosófica, porque podemos ler sem exercitar o próprio pensamento. Se lemos a fim de abdicar do trabalho de pensar, o ato de leitura se transforma num gesto antifilosófico. Nesse caso, o texto lido se transforma num objeto de culto e veneração. Ora, em filosofia não existem autores ou textos sagrados (inquestionáveis); tudo deve passar pelo crivo da crítica. Os textos são instrumentos (pretextos) para o pensamento do leitor, por isso constituem uma importante via de acesso à filosofia. Ou seja, nenhuma ideia pode ser aceita sem uma razão.

Assim, se lemos para exercitar o pensamento, isto é, para exercer um juízo crítico sobre o que os outros pensaram, então a leitura se torna um genuíno exercício filosófico do pensamento. Ao leitor não basta saber o que é a leitura; é preciso saber por que lemos. A leitura é um lugar de encontro, de confronto de ideias e argumentos entre leitor e autor. Ler não é apossar-se de ideias alheias, mas pensar a partir de outro pensamento, a fim de compreender o que não foi pensado, o que implica possuir ideias próprias.

Existem, portanto, diferentes métodos ou modelos de leitura (teorias da interpretação), que embora consistentes sob muitos aspectos, revelam-se problemáticos em outros. Costuma-se, de um modo geral, classificar os modelos ou métodos de leitura em dois tipos. O primeiro método de leitura define o *ato de ler* como um processo de *extração* e de *apropriação de ideias* que se encontram depositadas no texto. Ao leitor caberia, nessa perspectiva, analisar e reconstruir o processo de produção do discurso escrito. Concebida assim, a leitura seria um ato pelo qual é possível ao leitor "ouvir" o que o autor diz (tem a dizer), conhecer suas intenções e seus propósitos. Ora, tal modelo de leitura supõe que o texto é uma realidade acabada (dada de uma vez por todas) e que o bom leitor é aquele que é capaz de procurar e descobrir no interior (quando não no subterrâneo) do texto o seu sentido. Ao compreender o sentido do texto, o leitor se torna contemporâneo do autor.

O segundo modelo de leitura sustenta que o *ato de ler* é um processo de *imposição* e de *atribuição de sentido* ao texto pelo leitor. Sob essa perspectiva, é a interpretação que determina aquilo que pode ser compreendido. Ao leitor cabe fazer o texto falar; ou seja, o leitor impõe a sua interpretação, visto que o texto é sempre mudo, não fala por si mesmo. Ora, tal modelo de leitura subordina o autor ao leitor, porque supõe que o texto é algo incompleto ou inacabado, ou que o seu

sentido depende do olhar do leitor. O que o autor (o texto) quer dizer, depende daquilo que o leitor entende, dado que é pela leitura que o texto se dá a conhecer.

Ora, poder-se-ia dizer que o primeiro modelo de leitura ao priorizar o texto em detrimento do leitor, desconsidera a subjetividade do leitor, suas experiências, intenções e interesses. Pois bem, diferentes leitores situados em épocas diferentes podem fazer diferentes leituras de um texto clássico. Não é possível a compreensão sem a interpretação. A posição do leitor diante do texto não é passiva (de completa submissão), mas ativa. De modo semelhante, o segundo modelo de leitura é falho, porque ao enfatizar o papel do leitor desconsidera a objetividade do texto, os propósitos do autor. O significado do texto não é algo que depende inteiramente do arbítrio do leitor. É tarefa do leitor compreender o que o texto permite dizer; ou seja, existem critérios de relevância na leitura – a coerência e a fidelidade. Não se pode falsear ou falsificar o texto em nome da liberdade interpretativa.

Entretanto, em nosso entender, a leitura deve integrar diferentes perspectivas, sem, contudo, preconizar o ecletismo. Trata-se, portanto, de prescrever um novo modo de conceber a relação entre autor (texto) e leitor, calcado na *interação* e *interlocução*, o que nos permite dizer que se o *sentido* não está totalmente determinado de antemão, tampouco é algo inteiramente arbitrário, fruto da imposição do leitor. Por isso, ao dizer que um texto permite diferentes interpretações, não quer dizer que devemos admitir toda e qualquer interpretação. Por isso, a pergunta: *o que é uma leitura filosófica? Ou seja, o que confere um caráter filosófico à leitura?* – reclama uma resposta quando se trata de compreender em que consiste a leitura filosófica.

Todavia, compreender as especificidades, as regras e exigências da leitura filosófica e seu papel na formação (ou gestação) do pensamento é algo imprescindível, se quisermos entender a relação da filosofia com os textos filosóficos, isto é, o aprendizado da própria filosofia. Pode-se dizer que a leitura filosófica é uma iniciação ao pensamento filosófico. O que está em jogo no processo da leitura é a aquisição das habilidades de pensamento, que, uma vez adquiridas e consolidadas, permitem não só a expansão do pensamento, mas a criação de ideias. Ou seja, não se lê filosofia para saber o que os outros pensaram, mas para exercitar e forjar o próprio pensamento.

Como sabemos, a filosofia (sob a forma substantivada) não existe. O que existe são filosofias (adjetivadas). Portanto, se devemos ler, é porque pela leitura podemos exercitar e cultivar o pensamento, o que significa "ruminar" o que lemos. Só é lícito se apoiar nos ombros dos ombros se for para ver mais longe. Contudo, o excesso[18] de leitura pode sobrecarregar o espírito, impedindo-o de criar. A devoção ao pensamento alheio faz definhar o espírito, tornando-o impotente e estéril.

Ou seja, é o próprio *conceito de ensino filosofia* que deve ser explicitado, se quisermos entender a necessidade da leitura filosófica. Ora, o que entendemos por filosofia determina o modo como ensinamos e aprendemos filosofia. Em nosso entender, existem basicamente, dois modelos de ensino de filosofia:

> a) o *modelo histórico* (sistemático) – que concebe a filosofia como conhecimento da história da filosofia. Nesse caso, o estudo da filosofia consiste na leitura e análise dos autores da filosofia, respeitando a ordem cronológica, a sucessão dos sistemas filosóficos segundo os períodos históricos da filosofia. Esse modelo visa formar o erudito; o explicador e o comentador do pensamento dos grandes filósofos;

---

18  SCHOPENHAUER, A. *A arte de escrever*. Porto Alegre: L&PM, 2007, pp. 21, 41, 48.

b) o *modelo crítico* (temático) que concebe a filosofia como exercício do pensamento, como aquisição, formação e desenvolvimento de habilidades de pensamento. Nesse caso, é mais importante o filosofar que a filosofia. Trata-se de discutir temas e problemas filosóficos a partir da leitura de textos filosóficos, a fim de poder compreender sua relevância e atualidade. Ou seja, não se trata de aprender pensamentos, mas a pensar filosoficamente; não se aprende filosofia, mas a filosofar. Assim, tanto num modelo quanto noutro, a leitura se faz necessária; porém, é o objetivo da leitura que determina nosso modo de conceber a filosofia.

À primeira vista, poder-se-ia dizer que a necessidade da leitura reside no fato de que é ilusório supor que o pensamento possa se desenvolver sem a linguagem escrita, visto que sempre pensamos a partir de outro pensamento. Embora a capacidade de pensar seja anterior à linguagem, o pensamento, porém, não pode se desenvolver sem a linguagem. Somos seres históricos e sociais; herdamos uma cultura que se expressa em nosso modo de pensar, ou seja, pensamento e linguagem se implicam reciprocamente. O modelo de ensino de filosofia, que sustenta que a história da filosofia é condição necessária (e suficiente) para o aprendizado filosófico, pressupõe que a leitura filosófica é um exercício filosófico por excelência. Ou seja, a essência do que seja a filosofia está consignada nos textos dos filósofos.

Entretanto, ao que parece, o exercício filosófico do pensamento impõe uma condição contrária; é necessário desfazer-se (desapossar-se) das ideias alheias para forjar suas próprias ideias. Se, do ponto de vista social, o pensamento é constituído pela linguagem, do ponto de vista filosófico, o pensamento deve perfazer o caminho inverso: *Reconstituir-se a si mesmo*. Só é filósofo aquele que ousou pensar por si mesmo – que não se deixou absorver pela massa inerte (e indiferenciada). Pensar filosoficamente é opor (pelo pensamento) resistência a outro pensamento. A filosofia é, essencialmente, o ato pelo qual o pensamento toma posse de si mesmo, é o ato pelo qual o indivíduo constitui sua própria subjetividade. Daí que a leitura filosófica não pode ser o aprendizado do pensamento alheio, mas do próprio pensamento. Por isso, ler não significa apenas compreender o que está escrito, mas o que não está escrito, o que poderia ter sido escrito.

Ora, a história da filosofia é feita de obras filosóficas. Ler os filósofos é ler os mestres do pensamento. Nossa relação com o passado pode ser de veneração (admiração) ou de contestação (crítica), de ruptura ou de continuidade. Podemos ler os filósofos para *imitá-los* ou para *contestá-los*; para sermos seus seguidores ou para inventarmos formas diferentes de pensar a filosofia. Enquanto elemento da cultura, o aprendizado da filosofia obedece a uma regra comum: aprendemos por apropriação (assimilação), mas em toda apropriação há uma desapropriação. Se o pensamento dos filósofos pode nos instigar a pensar, não é, contudo, repetindo o que disseram que teremos aprendido a pensar de modo filosófico. Ou seja, só quando fazemos filosofia é que aprendemos a pensar filosoficamente.[19] Assim, uma leitura não é filosófica pelo simples fato de lermos textos filosóficos, como também não é filosófica aquela leitura que não permite distinguir o pensamento próprio do pensamento alheio.

É necessário, portanto, perguntar: *o que faz da leitura uma leitura filosófica?* O que significa ler filosoficamente? Após a crítica platônica[20] à escrita, parece controverso sustentar a

---

19  DESCARTES, R. *Princípios de filosofia*. Segundo o filósofo, se somos cegos é preferível ver através dos olhos dos outros, mas se enxergamos bem (se somos dotados de boa visão) isso é injustificável.
20  *Fedro* 275c-276a. Nesta obra, Platão defende a superioridade da oralidade

necessidade da leitura como exercício de formação filosófica. Se o saber não está depositado no texto, mas na alma (como quer Platão), então a leitura seria desnecessária (ou irrelevante) ao processo de aprendizagem filosófica. Para Platão, a escrita serve apenas para nos lembrar daquilo que já sabemos; por isso, não tem função cognitiva (epistêmica).

Se, para Platão, o texto não pode falar por si mesmo (é uma realidade inerte), para Ricoeur, o texto escrito é uma técnica de conservação, que assegura a sobrevivência do pensamento do autor. O texto traz o pensamento do autor do passado para o presente. Ou seja, a escrita não só presentifica, mas eterniza o pensamento. Portanto, diante dessa condição ambivalente do texto, resulta inevitável saber *que tipo de artefato é um texto*. Porque é um artefato cultural, o texto encerra em si duas realidades: A atual e a virtual. Enquanto *realidade atual*, o texto é constituído de palavras (sentenças ou proposições), mas enquanto *realidade virtual*, o texto é constituído de ideias e pensamentos. Assim, quando escrevemos, é como se o nosso pensamento deixasse de existir sob a forma atual e passasse a ter uma existência virtual. Porém, as palavras podem nos levar às ideias, uma vez que são signos delas.

Portanto, ao ler um texto filosófico, o leitor depara-se com ideias que, quando compreendidas, tornam-se suas. Por isso, é necessário distinguir *explicação* de *compreensão* se quisermos entender a função da escrita. A *explicação* consiste na exposição e explicitação das ideias, a fim de gerar *compreensão* (entendimento). É na passagem da sintaxe para a semântica que a compreensão (o significado) tem lugar. Disso se segue que a leitura é uma atividade de pensamento

---

sobre a escrita, o que implica adotar o diálogo como método por excelência da atividade filosófica.

que visa reconstruir a *ordem lógica* do pensamento do autor. Ler implica refazer os passos fundamentais de uma experiência de pensamento. A escrita permite a *pausa* (o retorno, a retomada e o recomeço) do pensamento, por isso pela escrita podemos pensar sobre o que foi pensado. Enquanto invenção técnica, a escrita é um dispositivo de produção do próprio pensamento. Já para o leitor, o texto é um caminho sem destino (fim). Em um texto está contido o pensamento, mas não plena e totalmente, visto que o pensamento é móvel ou dinâmico, ao passo que a palavra é estática. Assim como o leito de um rio contém suas águas, mas não poderia contê-las todas de uma vez, também o texto não pode albergar a totalidade do pensamento de seu autor.

O texto filosófico é dotado de múltiplos significados, remete a um referente (atual ou possível), diz algo acerca de algo. Entretanto, um texto é filosófico não pelo fato de dizer (que é comum a todos os textos), mas pelo que diz. Ou seja, o pensamento filosófico ao se voltar para a realidade deve retornar sobre si, a fim de compreender seus limites e possibilidades. Por isso, a leitura se torna filosófica na medida em que o leitor rompe a superfície do texto (a gramática e a sintaxe da língua) em direção à estrutura profunda (que é a produção do pensamento e do sentido). Nessa perspectiva, deve-se considerar a diferença que existe entre o *tema* (o objeto de investigação – aquilo de que trata o texto) e a *tese* (que é aquilo que o autor diz, afirma ou pretende demonstrar acerca do tema).

A leitura filosófica constitui-se como exercício de escuta do sentido, o que implica interrogar o autor e ser interrogado por ele. Por isso, o texto escrito impõe uma condição ao leitor: O *sentido* é compreendido no silêncio meditativo do pensamento, isto é, na reflexão – no movimento de ida e volta do pensamento sobre si mesmo. A *pausa* (a interrupção da leitura) não é a interrupção do pensamento, mas o momento em que o pensamento se detém sobre o que é lido (aquilo que pretende compreender). É a tentativa de compreender as interpelações do autor. Por isso, o silêncio do pensamento não se confunde com a ausência de ruídos (que poderia distrair o leitor); é a atitude de escuta que implica abertura do leitor em relação àquilo que o autor tem a dizer.

Se, conforme dissemos, o texto filosófico não tem valor em si, visto que sem o autor e o leitor, o texto não teria razão de ser, então, a pergunta: *por que lemos?*, está subordinada à pergunta: *por que escrevemos?* Ora, escrever é tornar público o que é privado – exteriorizar o que estava interiorizado. Não é quando compreendemos e explicamos um autor que o pensamento se torna filosófico, mas quando convertemos um texto em "pré-texto" para produzir outro texto. Por isso, é tarefa (e destino) do leitor tornar-se autor de suas ideias. É sua tarefa *atualizar* o pensamento do autor, reconstruir o problema do autor e reinscrevê-lo em seu próprio tempo (trazê-lo para o tempo presente). A filosofia é atraída pelo problemático (que é aquilo que nos faz pensar). Por isso, o texto filosófico não é um texto fechado (acabado), mas aberto (inacabado); a leitura filosófica implica a *reescritura* do texto lido.

Dito de outro modo, a leitura se torna filosófica quando filosofamos (fazemos filosofia), o que implica ser capaz de pensar por si mesmo. Se o filosofar se volta para a história da filosofia não é para imitá-la, mas para reinventá-la. Por isso, reescrever um texto não significa corrigi-lo, mas torná-lo atual, evidenciar a sua fecundidade filosófica. A leitura é filosófica quando provoca o pensamento, isto é, quando nos faz pensar sobre aquilo que não tinha sido pensado. Filósofo não é aquele que segue um mestre, mas a si mesmo. Por isso, o filósofo está, de antemão, condenado à vida solitária; sabe que aquilo que pensa é controverso e discutível, poderia ser pensado de outro modo. Assim, por exemplo, lemos Platão não para sermos platônicos, mas para compreendermos (por seu intermédio) os nossos próprios pensamentos.

Há ainda, uma terceira questão implicada na leitura filosófica que diz respeito à efetivação da leitura, àquilo que é necessário para se ler filosoficamente. O ato da leitura é, por si só, um ato complexo de pensamento, porque mobiliza diferentes habilidades cognitivas. Ler é uma atividade do corpo e da mente. Porém, o que os sentidos (os olhos ou o tato) percebem não é aquilo que a mente percebe. A leitura se realiza enquanto compreensão (interpretação) e crítica.

A leitura não é apenas um meio de instrução (conhecimento), mas de iniciação e formação do pensamento. O texto filosófico é um caminho trilhado por uma mente à procura da verdade. O aprendiz de filósofo (o estudante de filosofia) necessita da leitura, não porque a leitura pudesse substituir o trabalho do pensamento, mas porque pode se constituir num genuíno exercício de iniciação filosófica, visto que é possível aprender a filosofar seguindo o exemplo (realizando a experiência) dos filósofos. Contudo, não se aprende a filosofar por imitação, reproduzindo o pensamento já pensado, mas por contestação (oposição) e invenção.

A história da filosofia é uma história de escombros e de destruição. A história da filosofia é vista como uma ruína de ideias sobre a qual os filósofos se voltam, a fim de atribuir novos conceitos a velhos termos. Porém, a leitura dos textos filosóficos não é único alimento (via) para o aprendiz de filósofo. O olhar do filósofo está voltado para a realidade presente. É o aspecto problemático da realidade que convoca e provoca (interpela) o pensamento do filósofo. É necessário retornar à história da filosofia não para repetir as ideias dos mestres, mas para compreender o seu gesto filosófico; para distinguir aquilo que é permanente daquilo que é transitório na filosofia. Se o começo da filosofia é histórico, sua origem é sempre pessoal. Assim, a leitura dos clássicos não dispensa o trabalho de pensar sobre o que foi pensado. Parafraseando Descartes, é possível dizer que lemos não tanto para saber o que os outros pensaram, mas para saber o que não pensaram.

A leitura é, primeiramente, um procedimento de extração e não de produção de ideias. Note-se que existem planos (ou níveis) diferentes de leitura de um texto. A leitura filosófica consiste na compreensão e interpretação crítica da tese do autor, a fim de poder explicá-la e comentá-la. Como dissemos, um texto só é filosófico se propõe uma tese e se pretende sustentá-la em base a argumentos lógicos e demonstrações racionais.

Ora, o leitor procede de modo inverso do autor – visa *reconstruir a ordem lógica* (a estrutura) do texto, dissecar e analisar suas partes, identificar e compreender seus elementos fundamentais (termos e conceitos). O ato de ler implica, nesse sentido, o domínio de determinadas habilidades de pensamento que, uma vez adquiridas e desenvolvidas, tornam possível ler diferentes textos filosóficos (apesar de suas especificidades).

Em tese, pode-se dizer que toda leitura implica um método (um modo de proceder segundo regras). O que está em questão na leitura filosófica é a compreensão dos problemas filosóficos; por isso, mais que *persuadir*, o autor necessita *convencer* o leitor mediante argumentos e demonstrações racionais. O auditório da filosofia é potencialmente universal, porque o discurso filosófico tem pretensão universal. Resulta, portanto, necessário, estabelecer de antemão, o sentido dos termos "compreender" e "explicar". *Compreender* é um ato pelo qual o pensamento apreende o sentido ou o significado dos termos e proposições. Ora, o sentido e o significado de um texto só se deixam apreender na relação parte-todo – o que implica realizar a leitura.

Compreender um texto é compreender o que o autor quis dizer (seu problema, sua tese, seus conceitos e argumentos).

*Explicar* é dizer o que foi compreendido – é esclarecer ou explicitar o que estava subentendido; é mostrar o modo de construção do pensamento, a conexão lógica entre os termos e conceitos, ou seja, como a consequência (a conclusão) de um raciocínio depende ou decorre das premissas (das causas). Nesse sentido, a violação dos princípios lógicos invalida o discurso que se pretende filosófico. Ao filósofo não é permitido pensar sem ordem e rigor, isto é, sem consistência, coerência e consequência lógica. Ao contrário, pensar significa impor uma ordem ao pensamento, conduzi-lo segundo regras e princípios.

O ato de ler implica diferentes habilidades de pensamento. Porém, para saber ler não basta identificar e distinguir letras e palavras, é necessário compreender o significado dos termos e o sentido dos enunciados. Por isso, lemos não tanto para saber o que os outros pensaram, mas para saber o que podemos (o que é possível) pensar. A leitura é um meio de formação, um exercício filosófico. Ler é pensar a partir de (e em relação a) outros pensamentos; é apropriar-se do pensamento alheio para, em seguida, desapropriar-se dele. De modo análogo, pode-se dizer que o organismo não se identifica com o alimento do qual se nutre; é o alimento, seus nutrientes que são apropriados pelo organismo. Assim também, o *ato de ler* encerra um paradoxo: é um ato de assimilação e de diferenciação do pensamento. É na tensão entre identidade e diferença que o pensamento se desenvolve. Nesse sentido, ler é seguir o autor, não para ser seu discípulo, mas para perceber as implicações (possibilidades e limites) de seu pensamento.

Entretanto, se é possível aprender a pensar filosoficamente quando refazemos a experiência de pensamento dos filósofos (quando pensamos como eles pensaram), então, a leitura tem uma função relevante na formação do pensamento filosófico. Ou seja, se a leitura é um exercício (de iniciação) do pensamento, dado que o ato de ler é indissociável do ato de pensar, então cumpre saber que tipo de pensamento a leitura exercita e possibilita. Ora, a leitura não é um ato completo de pensamento, visto que algo já está posto (ou nos é dado) à medida que lemos. Não só a sintaxe, mas a semântica está construída. É preciso, portanto, seguir o autor, perfazer o percurso de seu pensamento, a fim de poder acompanhá-lo e compreendê-lo. Porém, na companhia do autor, o pensamento do leitor encontra-se inicialmente submisso.

Ler é um ato de subordinação do leitor ao autor, o que implica admitir a título provisório, as condições de leitura impostas pelo autor ao seu texto. O leitor segue (na compreensão) as regras de leitura impostas pelo autor. Assim, ler significa compreender o que é dito (o que o autor disse) e não o que o autor quis ou pretendeu dizer, uma vez que só podemos ter acesso às ideias do autor através do texto escrito. Ou seja, entre a expressão escrita (o que é dito) e a intenção do autor (o que pretendia dizer) pode existir uma diferença. Porém, tal questão não pode ser elucidada sem a intervenção (*in persona*) do autor. É função da escrita, expressar o pensamento, tornar público o que é privado, conferir objetividade àquilo que é subjetivo.

Nesse sentido, ao escrever seu texto, o autor submete-se às regras lógicas e gramaticais da construção e expressão escrita de seu pensamento. Escrever é impor uma ordem de leitura ao texto; ou seja, não só o ato de ler implica submissão, mas o ato de escrever, na medida em que tais regras são privadas, mas públicas. Dito de outro modo, ler e escrever são modos diferentes de conformar o pensamento àquilo que externo ao pensamento, ou seja, às condições de sua expressão escrita.

Contudo, o ato filosófico não é um ato de submissão, mas de insubordinação do pensamento. Pensar filosoficamente implica pensar contra os limites do pensamento; significa transpor ou transgredir limites lógicos e semânticos. Por isso, a leitura filosófica é um ato de iniciação filosófica. Para o leitor, o que está em questão é menos a desconstrução do pensamento do autor que a construção de seu próprio pensamento. É na construção, isto é, na criação (e invenção) que o ato de pensamento se completa. Nesse caso, porém, a criticidade não está dissociada da criatividade (inventividade). Se a leitura permite-nos compreender o pensamento alheio, não é, porém, da compreensão do pensamento alheio que emerge o pensamento próprio.

A leitura é filosófica não só porque nos dá algo a pensar, mas porque é possível pensar contra o que nos é dado pensar. O *gesto filosófico* só se realiza enquanto resistência e contraposição. Assim, quando concordamos com o que nos é dado pensar não podemos (apesar de justificar nosso pensamento) inventar, ir além do que já foi pensado; permanecemos aprisionados no interior do pensamento do autor. Entretanto, só quando discordamos do autor, podemos transpor os limites do que já foi pensado. Por isso, é no exercício crítico e criativo do pensamento que uma tese filosófica tem origem.

Vê-se que a leitura é um meio de nutrição (e de desenvolvimento) do pensamento. Assim como o organismo não se confunde com o alimento digerido, também o pensamento do leitor não se confunde (nem se identifica) com o pensamento do autor. O alimento é assimilado pelo organismo, mas o organismo não se confunde com seu alimento. Ora, o mesmo acontece com o pensamento. Ao lermos, é como se digeríssemos ou assimilássemos outros pensamentos, mas nosso pensamento não se identifica com o que lemos. O leitor *vampiriza*[21] o autor, a fim de nutrir e fortalecer seu pensamento. Contudo, não aprendemos a pensar por imitação, mas por negação (ou contraposição).

---

21 FOLSCHEID, D.; WUNENBURGER, J.-J. *Metodologia filosófica*. São Paulo: Martins Fontes, 2002, p. 7.

A leitura é um exercício pelo qual é possível replicar ou repetir a experiência de pensamento do autor. Nesse sentido, a leitura pode ser vista sob dois sentidos diferentes:

> a) em primeiro lugar, a *leitura* é um *ato de imitação*, porque consiste em pensar com(o) o autor. Na imitação, o pensamento do leitor não se revela como seu, visto que em toda ação imitativa existe uma simulação (representação). Imitar é apropriar-se de algo alheio, fazendo parecer seu o que é de outrem. Por isso, imitar o autor implica obediência e submissão ao seu pensamento;

> b) em segundo lugar, a *leitura* constitui um *ato de invenção* do pensamento, na medida em que possibilita ao leitor opor-se (contrapor-se) ao autor através da interpretação e da crítica. Pensar contra o autor é ultrapassá-lo depois de tê-lo compreendido. Ora, é nesse nível de leitura que o leitor necessita abandonar (e superar) o autor, para aprender a caminhar por conta própria, isto é, a pensar por si mesmo. Daí dizer que o verdadeiro leitor é aquele que se tornou autor e não apenas ator. Nesse sentido, ser autor de suas ideias significa expressá-las por escrito, dar a conhecer o seu pensamento. Autor é aquele que ao criar suas ideias não teme submetê-las ao crivo da crítica. O leitor sabe que seu destino é tornar-se autor, engendrar seus próprios críticos. Ora, este é o caráter paradoxal da autoria, visto que não é possível ser autor de suas ideias sem ser um suscitador de ideias alheias. Portanto, seguir a si mesmo é um gesto de transgressão ou de insubmissão ao que já está posto. A injustiça contra o autor não está em rejeitá-lo, mas em rejeitá-lo sem refutá-lo.

Entende-se por texto, uma unidade de leitura, um conjunto estruturado segundo as regras da gramática e da lógica. Ler é perceber a estrutura, as partes que compõem o texto e as relações que existem entre elas; suas articulações e seus desdobramentos conceituais ou semânticos. Em suma, pode-se dizer que a *leitura filosófica* é um processo que se desdobra em três níveis diferentes, sucessivos e interdependentes, uma vez que não só o que vem depois depende do que veio antes, mas o que vem antes só se completa com o que vem depois.

O *primeiro nível de leitura* consiste em identificar e caracterizar o autor do texto, seu estilo, sua época, sua filiação filosófica e a estrutura redacional do texto. Trata-se de realizar uma leitura de inspeção (ou de reconhecimento), visto que sua função é buscar uma primeira aproximação do leitor sobre o texto. Ou seja, o objetivo dessa leitura é proporcionar uma visão geral ou de conjunto sobre o texto, o que permite ao leitor perceber as relações entre o texto, o contexto e o pretexto do autor.

No *segundo nível de leitura* pretende-se compreender o *problema* formulado e enfrentado pelo autor do texto, sua resposta, conceitos, problemas e argumentos. Trata-se de identificar a *ideia central*, isto é, de entender o *sentido do texto* – aquilo que o autor disse (e não o que quis dizer). Porém, a compreensão é uma habilidade cognitiva que é adquirida e fortalecida em relação a outras *habilidades de pensamento*, como, por exemplo, a capacidade de perceber relações entre ideias, de inferir ou extrair conclusões logicamente válidas a partir de determinadas premissas. A compreensão tende à *explicação*, ou seja, busca-se compreender um texto para explicá-lo (desdobrá-lo), o que implica ser capaz de *sintetizar ideias*. Ou seja, a compreensão é condição de possibilidade da interpretação. Porém, o ato de compreender transcende (excede) o ato de explicar. Se não posso explicar, senão aquilo que compreendi, posso, porém, compreender o que não posso explicar. A *explicação* está a serviço do texto, parte do texto e se restringe a ele, por isso, pode ignorar a história da filosofia. Na explicação[22] é necessária a *fidelidade* ao autor,

---

22 FOLSCHEID, D.; WUNENBURGER, J.-J. *Metodologia filosófica*, 2002, pp. 29-47.

à sua tese e ideias. Por isso, o leitor deve deixar-se levar ou conduzir pelo autor do texto, a fim de poder bem compreendê-lo. É preciso seguir ou acompanhar o pensamento do autor por onde ele for. Assim, a leitura que visa à compreensão requer um movimento de imersão no texto; ou seja, pela leitura compreensiva realizamos um movimento para o interior do texto, a fim de sondar suas possibilidades interpretativas. Ler (*legere*) significa (re)colher, captar pelo pensamento ideias, apreender o sentido do texto. É o momento em que o leitor *pensa com o autor*.

Nesse sentido, reveste-se de utilidade a capacidade de *esquematizar* (de fazer esquemas), visto que permite explicitar a ordem ou a estrutura lógica do texto (a função das ideias centrais e secundárias). O uso de recursos gráficos ou visuais (flechas, setas, cores, palavras-chave, entre outros) revela-se útil para reconstruir a estrutura do texto. Assim, se o *resumo* (fichamento) permite extrair do texto o seu conteúdo (sua tese), o *esquema* possibilita ao leitor extrair de um texto os seus elementos estruturais, a fim de compreender o lugar e a função das ideias e dos argumentos. Porém, isso só é possível se o leitor silenciar ou "deixar o autor dizer" o que ele tem a dizer. Não é à toa que o erro mais frequente nesse nível de leitura é a *redução*, que consiste em "mutilar" o texto, reduzi-lo aos interesses do leitor. Para evitar esse erro, ou seja, tomar a parte pelo todo é necessário que o leitor tenha uma atitude de imparcialidade frente ao texto. Ora, ser imparcial é tomar o todo e não apenas a parte (ou um elemento ou aspecto) como objeto de compreensão. Compreender significa apreender ou percorrer pelo pensamento a totalidade do texto.

No *terceiro nível de leitura*, busca-se interpretar, exercer a crítica, trazer à superfície o que se encontra oculto na profundidade (no subsolo) do texto. Nesse sentido, ler é um movimento de emersão (saída) do texto. Porém, a emersão só é possível após a imersão. O leitor é sempre um intérprete, por isso, seu olhar não é neutro (desinteressado). Na *leitura interpretativa,* busca-se exercer a crítica (interna e externa), avaliar os méritos e apontar as contradições. Trata-se de aquilatar o valor dos argumentos, suas possibilidades e limites, as lacunas e os problemas (ou implicações) que decorrem da posição assumida pelo autor do texto. Ora, esse é o exercício do *comentário filosófico,*[23] propriamente dito.

O leitor interroga o autor; parte do texto, mas não se restringe a ele; por isso, não pode ignorar a história da filosofia. Ou seja, o comentário filosófico exige um conhecimento mais profundo das fontes filosóficas, da história das ideias, da obra e da doutrina do autor; requer erudição e especulação. Nesse sentido, o comentário pressupõe a explicação. Trata-se de ousar *pensar contra o autor,* levantar objeções, a fim de explicitar seus pressupostos e avaliar suas implicações teóricas. Porém, deve-se evitar o erro da *extrapolação* – que consiste em exceder os limites do texto, acrescentar, alterar ou modificar o texto; estabelecer relações analógicas inadequadas ou introduzir ideias que contradizem o sentido do texto.

De modo esquemático, é possível representar as *competências* de *leitura filosófica* da seguinte forma:

---

23  FOLSCHEID, D.; WUNENBURGER, J.-J. *Metodologia filosófica*, 2002, pp. 49-55.

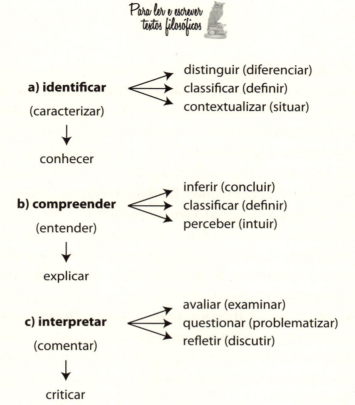

## 2.2 – MÉTODOS DE LEITURA FILOSÓFICA

A leitura filosófica compreende diferentes perspectivas metodológicas, uma vez que cada filosofia institui para si um método de produção e de exposição de ideias. Se por método entendemos regras de procedimento (de produção e de interpretação textual), então, poder-se-ia dizer que toda filosofia contém explícita ou implicitamente uma metodologia de leitura. Porém, como saber qual é o método mais adequado ou apropriado para a leitura de um determinado filósofo? É possível conciliar diferentes métodos de leitura na interpretação de um texto filosófico? É possível saber de antemão como devemos ler um filósofo? É na leitura que descobrimos um método de leitura, uma via de acesso ao pensamento do autor? É possível ler (interpretar) um texto

79

fora de seu contexto de origem? Ou é necessário submeter o texto (o que o autor pensou) ao seu contexto histórico (à época em que ele viveu)? A biografia é relevante para se compreender a bibliografia de um filósofo? O que é compreender um texto filosófico?

Ora, existem diferentes abordagens metodológicas, diferentes vias de acesso aos textos filosóficos. Portanto, é preciso saber quais são as possibilidades e os limites de cada um dos métodos de leitura. Se defendemos a tese de que é possível ler os filósofos por eles mesmos, então é preciso ao leitor deixar-se conduzir pelo autor, desejar ser instruído por ele. Nesse caso, a leitura abre para o leitor, não só o acesso às ideias do filósofo, mas ao seu método filosófico. Porém, se supomos que a compreensão de um texto filosófico implica perceber o que não foi dito por seu autor, então, será preciso ler os efeitos de sentido, aquilo que transcende o próprio texto.

Seja como for, a leitura filosófica implica a releitura do texto, por isso é lenta e vagarosa. Só avançamos na leitura filosófica retrocedendo, isto é, retomando o que já foi pensado. É necessário o hábito da ruminação, apreciar ou experimentar o que lemos, visto que a compreensão filosófica consiste em perceber o que é problemático e controverso. Na leitura de um texto filosófico o que está em questão é a identificação e a compreensão de uma tese (da ideia que é proposta) e dos argumentos que lhe dão sustentação lógica. Portanto, ler filosoficamente é buscar compreender os conceitos e argumentos do filósofo enquanto resposta a um problema. No que se segue, pretende-se apresentar ainda que de forma sintética, os elementos fundamentais dos principais métodos de leitura que são largamente usados na abordagem dos textos filosóficos.

## 2.2.1 – O MÉTODO DOGMÁTICO

Na leitura dogmática[24] busca-se a *ordem das razões*, ou seja, a ordem lógica (interna) do texto. Segundo essa perspectiva, supõe-se que todo texto tem uma lógica (ordem) de composição ou de produção que pode ser não só identificada, mas descoberta ou conhecida através da leitura. Ora, a estrutura é um conjunto de elementos que interagem entre si formando um sistema, uma unidade de sentido. Ou seja, a estrutura está sempre manifesta ou presente, porém, nem sempre é visível ou perceptível ao leitor. Ou melhor, cada filosofia constitui um sistema de ideias (um todo independente), o que implica dizer que não se pode ler um filósofo aplicando um método estranho ou externo à sua filosofia. Todo filósofo propõe teses (*dogmatas*) pretensamente verdadeiras, defende ou sustenta uma posição acerca de um problema filosófico. Nesse sentido, toda filosofia pretende-se não só válida, mas verdadeira, porque os critérios de verificação são sempre internos.

Portanto, ler é compreender o que foi dito pelo autor (não o que ele quis ou intencionou dizer), isto é, trata-se de extrair o sentido do texto a partir de sua literalidade (de suas palavras), uma vez que cada texto deve ser compreendido por si mesmo. Se o sentido está depositado no texto, então a compreensão não pode extrapolar, ir além da literalidade do texto (da leitura literal). De acordo com o método dogmático, é necessário ser antes discípulo, isto é, compreender, se quisermos exercer a crítica (refutar). Trata-se de identificar e reconstruir os argumentos do texto segundo sua lógica interna, ser-lhe fiel. Por isso, na leitura estruturalista, a

---

24 GOLDSCHMIDT, V. Tempo histórico e tempo lógico na interpretação dos sistemas filosóficos. Em: GOLDSCHMIDT, V. *A Religião de Platão*. São Paulo: Difusão Europeia do Livro, 1963, p. 139.

compreensão está referida ao *tempo lógico*, dado que se trata de perfazer o caminho do autor (refazer a sua experiência de pensamento). O tempo da compreensão não coincide com o tempo cronológico (ou psicológico) da leitura, porque é possível segundo a ordem cronológica concluir a leitura de um texto sem tê-lo compreendido. Porém, segundo o método dogmático, os movimentos do pensamento filosófico estão inscritos na estrutura do texto. Dito de outra forma, *doutrina* (teoria) e *método* são inseparáveis. Não posso compreender as teses (dogmas ou doutrinas) filosóficas sem seguir o método de sua construção lógica ou argumentativa. Para Goldschmidt (1963, pp. 140-141), a filosofia é essencialmente *explicitação* e *discurso*, porque o pensamento filosófico se constitui, ou seja, se desenvolve e se exterioriza por meio de movimentos sucessivos e progressivos. Ao leitor cabe a tarefa de identificar os movimentos e as articulações do pensamento do autor, a fim de compreender o seu desenvolvimento. Embora cada filósofo tenha a pretensão de apresentar um pensamento desenvolvido (maduro), a leitura não pode consistir em reduzir e limitar o texto a sua fase embrionária.

Se cada filosofia é uma totalidade (um sistema fechado), então o filósofo é o único responsável por ela. Assim, se isolo as teses filosóficas de seu contexto teórico ou da estrutura que as engendra e sustenta, a crítica perde sua validade. Ou seja, só é possível uma crítica interna, porque visa identificar lacunas ou contradições lógicas inerentes ao sistema filosófico. A crítica externa é logicamente impossível, porque implica partir de uma perspectiva filosófica alheia ou estranha (ou de outros pressupostos teóricos) para avaliar outra filosofia. Trata-se, nesse caso, de uma distorção da doutrina ou teoria filosófica. Ou seja, não se pode julgar sem compreender. A leitura analítica exige a submissão do leitor ao autor (ao texto). Assim, se a crítica depende da compreensão, é impossível o exercício da crítica externa. Do ponto de vista teórico e metodológico toda filosofia é, não apenas diferente, mas irrefutável ou incomensurável. E se não existem filosofias equivalentes, também não existem filosofias superadas.

Na leitura estruturalista é possível proceder segundo o movimento da análise[25] (que consiste em decompor o todo em suas partes), ou segundo a síntese (que consiste em reconstruir a unidade das partes). Se na análise o que vem antes não depende do que vem depois, o que vem depois, entretanto, decorre do que vem antes (assim como os efeitos dependem das causas). Daí dizer que a análise é um procedimento de descoberta ou de invenção, porque mostra como algo é conhecido. Na síntese busca-se recompor os elementos estruturantes, a fim de integrá-los num sistema de pensamento. Este é, segundo Goldschmidt (1963, p. 139), um método eminentemente filosófico, porque expressa a independência (a autonomia) que caracteriza o exercício do pensamento filosófico desde suas origens. Nesse sentido, o pensamento filosófico pretende-se atemporal ou intemporal, não porque está acima ou fora do tempo, mas porque não se deixa determinar

---

25  Na obra *Respostas às segundas objeções*, Descartes (1983, p. 166) assim se expressa sobre os métodos de demonstração: "A análise mostra o verdadeiro caminho pelo qual uma coisa foi metodicamente descoberta e revela como os efeitos dependem das causas; de sorte que, se o leitor quiser segui-la e lançar cuidadosamente os olhos sobre tudo o que contém, não entenderá menos perfeitamente a coisa assim demonstrada e não a tornará menos sua do que se ele próprio a houvesse descoberto. [...] A síntese, ao contrário, por um caminho todo diverso, e como que examinando as causas por seus efeitos (embora a prova que contém seja amiúde também dos efeitos pelas causas), demonstra, na verdade, claramente o que está contido em suas conclusões, e serve-se de uma longa série de definições, postulados, axiomas, teoremas e problemas, para que, caso lhe neguem algumas consequências, mostre como elas se contêm nos antecedentes, de modo a arrancar o consentimento do leitor, por mais obstinado e opiniático que seja; mas não dá, como a outra, inteira satisfação aos espíritos dos que desejam aprender, porque não ensina o método pelo qual a coisa foi descoberta".

ou limitar pelas circunstâncias ou contingências espaço-
-temporais. Dito de outro modo, toda filosofia traz consigo
um valor permanente, visto que o *tempo lógico* transcende
o *tempo histórico*.

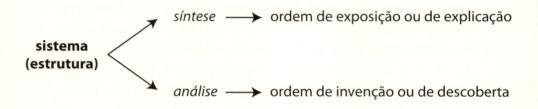

## 2.2.2 – O MÉTODO GENÉTICO

Na aplicação do método genético, pretende-se descrever a gênese, identificar e conhecer as causas explicativas – os fatores históricos, econômicos, sociais e culturais que exercem influência sobre a formação dos sistemas filosóficos. Para o método genético, a resposta à pergunta: por que o filósofo pensou o que pensou? – não pode ser respondida sem percebermos o que estava ocorrendo (acontecendo) à época em que o filósofo escreve sua obra. É preciso compreender em que medida os acontecimentos históricos influenciaram a formação do pensamento do filósofo.

Nesse sentido, é necessário situar o texto (o pensamento) no tempo histórico, o que significa compreendê-lo desde fora; perceber como as questões e os problemas que se projetam no texto estão relacionados com o seu contexto histórico e com o pretexto do autor. Significa perceber que a filosofia é sempre "filha de seu tempo", expressão conceitual de uma época histórica determinada. Ou seja, o filósofo

não está fora da história, por isso, seu pensamento traz as marcas ou características de uma época. Porque está situado na história, o pensamento filosófico é uma tentativa de compreender e responder aos problemas de uma época.

Ora, existem fatores que não se determinam, condicionam a formação do pensamento filosófico, orientam seu interesse e seu procedimento metodológico. Nesse caso, é o historiador que tem a função de descrever a gênese (origem) ou etiologia de um sistema filosófico. Por isso, sua atitude é comparável àquela do analista, médico ou confessor. Ou seja, o historiador pretende diagnosticar, relatar e descrever os fatores (políticos, econômicos e sociais) que condicionam ou exercem influência na gestação do pensamento filosófico. Há uma relação de causalidade entre texto e contexto, o que implica dizer que o texto não se explica a si mesmo. A compreensão de um texto não está na sua literalidade. Ou seja, o que um texto tem a dizer (seu sentido) não está contido em sua literalidade. As teses filosóficas são efeitos ou sintomas de causas ou fatores externos que atuam sobre a mente do filósofo, moldando seu pensamento.

Para Goldschmidt, a compreensão segundo o método genético incide sobre o *tempo histórico* que é externo ao texto filosófico. O tempo histórico (vivido) condiciona, mas não constitui a filosofia. Ou seja, o tempo histórico não pode conter o tempo lógico. Por essa razão, este é por excelência um método científico e não filosófico, visto que elemento filosófico não pode ser reduzido ao elemento psicológico (biográfico) ou sociológico. Cada filosofia é, ao mesmo tempo, relativa e absoluta (definitiva). Se a filosofia tem uma história, disso não se segue que ela é produto ou reflexo de uma época histórica, ou seja, não se pode explicar uma filosofia pela história. A biografia intelectual do filósofo não explica a origem de uma ideia filosófica; isto é, a bibliografia (produção intelectual) não se reduz à biografia. As teses filosóficas não estão desconectadas do tempo histórico, mas se constituem no tempo lógico.

Segundo Goldschmidt, o método genético na medida em que visa descrever as causas sob as quais tem origem um sistema de pensamento, pode ser definido como científico. Nesse sentido, seria menos filosófico, porque a filosofia está preocupada com as razões e com a natureza da verdade. O filósofo é aquele que pensa contra seu tempo (opõe resistência); não se deixa explicar nem abarcar por causas históricas. É filósofo aquele que impõe um contramovimento ao pensamento vigente ou dominante, por isso, se aplicamos o método genético à leitura de textos filosóficos, corremos o risco de julgar o autor sem compreendê-lo. Ou podemos incorrer no erro de pretender explicar ou compreender um autor melhor do que ele mesmo se compreendeu. O pensamento filosófico não é um efeito (reflexo) de fatos ou fatores históricos. Afirmar que o pensamento tem uma história, não significa dizer que ele é produto determinado pela história. Não há na história uma causalidade determinante, a qual possa explicar a origem e o surgimento de uma filosofia (ou de uma intuição original). Portanto, subordinar o texto ao contexto equivale a subordinar a filosofia à história. Ora, o filósofo pretende-se autor e não um ator (ou representante), por isso, o que pensa é invenção não de uma época, mas de um sujeito que está situado numa determinada época. Isso significa dizer que a relação do filósofo com sua época é uma relação crítica.

Dito de outro modo, uma época pode possibilitar ou determinar o *tema* (aquilo sobre o que pensou), mas não a *tese* (aquilo que pensou) do filósofo. Portanto, não se pode, sem prejuízo filosófico, sacrificar o texto ao contexto.

Se uma época pode explicar aquilo sobre o que pensamos (nossos temas), ou porque pensamos isso ou aquilo (nossas motivações), não pode, contudo, explicar, aquilo que pensamos (nossas teses). Nisso consiste a autonomia, a originalidade e o caráter enigmático (ou problemático) do pensamento filosófico.

A relação entre fatos históricos e ideias filosóficas não é uma relação causal. Assim, a compreensão do texto a partir de seu contexto nos permite descrever as condições objetivas em que se encontram imersos o filósofo (e sua filosofia). Desse modo, uma determinada época convoca (interpela) o filósofo a pensar em determinadas questões (numa determinada direção), mas, sua filosofia, suas teses, seus conceitos e argumentos dependem, sobremaneira, da inventividade e criatividade do próprio filósofo. O contexto histórico nos dá acesso ao pensamento do filósofo, mas não a compreensão de sua filosofia. À história cabe o papel de relatar e descrever (o que ocorreu), compreender e explicar (o porquê algo ocorreu), mas o pensamento filosófico não é *simplesmente* um fato histórico; emerge da história, mas não é engendrado por ela. Ou seja, a relação entre filosofia e história não pode ser cientificamente equacionada. É preciso perceber que a filosofia tem um desejo de transcendência ou de universalidade que é estranho ao imanentismo das explicações históricas.

### 2.2.3 – A HERMENÊUTICA FILOSÓFICA DE GADAMER

A hermenêutica de Gadamer reintroduz no debate filosófico contemporâneo o problema da compreensão sob novas bases teóricas e conceituais. Em *Verdade e método* (1960), o filósofo apresenta a hermenêutica enquanto arte da interpretação. O processo hermenêutico é concebido não como método ou técnica (*modo de conhecer*), mas enquanto *modo de ser* do intérprete. Por isso, ao invés de uma metodologia da interpretação, Gadamer propõe uma ontologia hermenêutica. A estrutura circular (dialógica) que existe entre a compreensão (o todo) e a interpretação (parte) determina o processo hermenêutico.

O *círculo hermenêutico* – a interação circular entre interpretação e compreensão, entre passado (texto) e presente (intérprete) mostra que o sentido ultrapassa aquilo que o autor quis dizer quando escreveu seu texto. Ou melhor, a interpretação não é mera repetição do que foi compreendido, visto que o círculo hermenêutico se move em espiral. O horizonte hermenêutico do intérprete e do texto constituem os elementos fundamentais da estrutura da compreensão. Porém, se, por um lado, a interpretação é possível, porque os efeitos de sentido não estão previamente determinados, por outro, uma interpretação total ou definitiva é impossível. Em outras palavras, a relação entre texto e intérprete assenta-se sobre o princípio hermenêutico da pergunta[26] e da resposta. Ou seja, toda interpretação é sempre uma apropriação individual (realização parcial) da compreensão.

O texto constitui, portanto, uma fonte inesgotável de sentido. Assim, se toda compreensão é potencialmente infinita (inesgotável), então toda interpretação é sempre uma interpretação. A interpretação se faz e se refaz continuamente. É uma tarefa incessante, uma vez que novas questões são lançadas do texto para o autor e do autor para o texto. Compreender um texto significa partir de uma situação hermenêutica (de um horizonte histórico) em busca de

---

[26] "Para perguntar, é preciso querer saber, isto é, saber que não se sabe. [...] o texto precisa ser compreendido como resposta a uma pergunta real" (GADAMER, 2008, pp. 474, 488).

novas possibilidades de sentido. Texto e intérprete encontram-se situados em horizontes históricos diferentes, isto é, possuem interesses, perspectivas e motivações diversas. É no processo hermenêutico da interpretação textual que leitor e autor se tornam contemporâneos, dado que a leitura é essencialmente encontro e confronto de perspectivas. Por isso, a leitura constitui uma experiência hermenêutica (de interpretação e aprendizado) para o pensamento. O intérprete é instado a modificar sua forma de ser, pensar e agir.

Todavia, a distância histórica (temporal) não é um impedimento, mas a condição de possibilidade da interpretação. Interpretar um texto não é impor categorias ou conceitos estranhos (alheios), mas, ao contrário, significa retroceder, realizar um movimento de aproximação mediante o entendimento da linguagem da época e do autor. A interpretação textual consiste em manifestar novas possibilidades de sentido suscitadas pela *fusão de horizontes*[27] entre intérprete e texto. Porém, todas as possibilidades de sentido são, de alguma maneira, engendradas pela própria tradição.

Ler é produzir sentido, porque as questões (perguntas) que um texto traz ou suscita são permanentes (continuam desafiando e instigando novos leitores). Daí dizer que o texto é incompleto ou destituído de sentido sem a intervenção do leitor (do intérprete), porque é ele que instaura novos sentidos em relação ao texto. Assim, o leitor é aquele que além de interpelar o texto se deixa interpelar por ele. Por isso, o ato hermenêutico não é completo sem a *aplicação*[28] do texto à situação atual (particular) do leitor. Portanto, a interpelação que vem do texto torna possível "reescrevê-lo" – reconstruir seu sentido diante de novas questões (perguntas) que são

---

27 GADAMER, H.-G. *Verdade e método I: Traços fundamentais de uma hermenêutica filosófica*. Petrópolis: Vozes, 2008, pp. 404-405, 492.
28 *Ibidem*, 2008, pp. 406-407.

suscitadas pelo texto. A tradição se projeta ou se prolonga sobre o presente (e o futuro) suscitando novas possibilidades de ser, pensar e agir.

Ora, se a interpretação decorre de um diálogo (entendimento) entre texto e intérprete, então, o significado das palavras e o sentido do texto são constituídos dialogicamente, porque a linguagem é essencialmente diálogo. Toda compreensão é sempre interpretação[29] – uma apropriação do sentido do texto. A interpretação é a explicitação da compreensão. Ou seja, o sentido que pode emergir de um texto não está dado ou depositado nele. Interpretar é entender a partir do que foi dito, o não dito (aquilo que está para além do texto).

A primeira função da linguagem não é comunicar ou designar, mas produzir entendimento. Isso significa dizer que a linguagem é o elemento comum (*medium*) entre texto e intérprete. Ou seja, o pensamento é constituído pela linguagem, porque somos seres sociais e culturais. Por isso, a ideia de um sujeito autônomo (cara ao Iluminismo) capaz de pensar e de agir por si mesmo é estranha a Gadamer. Por isso, o conceito iluminista de autonomia que define o intérprete enquanto sujeito de seus pensamentos é impossível.

O intérprete, isto é, o sujeito hermenêutico não se constitui a partir de si mesmo, mas procede sempre dos outros seres humanos (do nós). Dito de outro modo, o que é novo não só procede (provém), mas é precedido pelo velho. Nós pensamos a partir de outros pensamentos. Nosso pensamento repousa sobre uma tradição cultural que se prolonga (se projeta) no tempo presente. Portanto, a interpretação não é um ato puramente intelectual ou subjetivo (individual), mas um prolongamento da própria tradição. Assim, toda compreensão parte de um horizonte histórico

---

29  *Ibidem*, 2008, pp. 406, 503, 512.

que determina uma situação ou experiência hermenêutica. A tarefa do intérprete não consiste em descobrir ou extrair o sentido do texto, mas em perceber através da interpelação que vem do texto e da interrogação as múltiplas potencialidades (possibilidades) de sentido contidas nele.

Para Gadamer, a interpretação não é um ato puramente intelectual; o sentido de um texto não pode ser reduzido a um conceito (algo racional). Seguindo Heidegger (*Ser e tempo*), Gadamer afirma que a compreensão é determinada por uma pré-compreensão (que consiste na impossibilidade de erradicarmos todos os nossos pré-conceitos). O nosso modo de pensar e de agir é determinado pela tradição (cultura, costumes, crenças, hábitos, pré-conceitos) que herdamos dos outros. Estamos sempre inseridos numa tradição; nosso modo de pensar e de agir nunca é absolutamente original, individual ou subjetivo.

O pensamento é determinado por nosso lugar cultural e social. Ou seja, não existem pensamentos sem pressupostos; sempre pensamos a partir de outros pensamentos. Porém, em nosso pensar existem preconceitos legítimos e ilegítimos (arbitrários). A apropriação crítica da tradição implica um combate contra os preconceitos ilegítimos, porque distorcem ou deformam nosso entendimento. No processo interpretativo, os preconceitos fazem parte de nossa expectativa de sentido e se projetam (se prolongam) sobre o que é compreendido. Por isso, a crítica aos preconceitos ilegítimos consiste em distinguir o que é arbitrário do que é justificável (válido).

O texto reinstaura sob outra forma o diálogo filosófico[30] – a lógica da pergunta e da resposta. No processo de compreensão, a pergunta determina um sentido (uma direção de sentido) ao pensamento. Ao leitor cabe acompanhar o

---
30  *Ibidem*, 2008, p. 503.

autor em seu itinerário, a fim de compreender o que é dito. A pergunta é o ato pelo qual o pensamento põe-se em movimento. Por isso, para perguntar é preciso saber que não se sabe. Interpretar é, portanto, fazer o texto vir à fala; é buscar compreender a pergunta que o texto responde. Ou seja, enquanto fala alienada, a leitura permite recriar o diálogo entre autor e leitor. Esquematicamente, pode-se representar o processo hermenêutico, segundo Gadamer, da seguinte forma:

## CAPÍTULO 3

## A escrita filosófica

A figura de Sócrates emerge da história da filosofia ora como marco inaugural ora como fonte de inspiração, porque deslocou a investigação filosófica para o âmbito das questões humanas e porque praticou a filosofia sem deixar nada escrito. Sócrates nos ensina que o exercício da filosofia não é, em sua essência, uma atividade de produção escrita, mas de confronto e de diálogo entre interlocutores que sustentam perspectivas diferentes sobre uma mesma questão. Sócrates é, nesse sentido, a figura exemplar. Para este filósofo, assim como para Platão, o diálogo vivo é o modo mais apropriado do discurso filosófico, porque permite a retificação e o aprendizado do pensamento. Entretanto, a história da filosofia constitui *per se* a prova testemunhal de que a atividade filosófica produziu ao longo do tempo uma vasta literatura, assumiu diferentes formas de expressão literária.

O uso filosófico da linguagem inaugurou uma nova forma de pensamento: o *discurso conceitual* (argumentativo). Porém, a especificidade do discurso filosófico não consiste apenas em dizer algo através das palavras, mas em servir-se das palavras para compreender a natureza da linguagem. A filosofia, ao fazer uso da escrita, visa investigar a relação que existe entre linguagem e pensamento, entre *dizer* e *pensar*. O dizer é próprio de todo discurso, mas pretender expor os limites do próprio discurso (suas condições de possibilidade) é tarefa da filosofia. Porém, de modo paradoxal, poder-se-ia dizer que as obras dos filósofos atestam uma relação de dependência da filosofia para com a escrita, ao mesmo tempo em que expõem os limites da escrita diante do discurso filosófico. Como veremos, o uso filosófico da escrita não é apenas expressivo (comunicativo), mas produtivo, crítico-reflexivo.

Portanto, pode-se dizer que a filosofia mantém uma dúplice relação com a escrita (e a literatura). Ao mesmo tempo em que o texto filosófico é perpassado pela escrita, persiste, porém, em seu interior uma recusa implícita: o pensamento filosófico não se deixa abarcar pelo texto escrito; a filosofia excede os limites da escrita. Todavia, se o exercício da filosofia não é redutível à escrita, é porque há uma profunda e complexa questão que diz respeito à diferença entre a natureza da filosofia e a natureza da escrita. Diante disso, cabe, portanto, perguntar: por que a escrita tornou-se (ao longo da história) a forma hegemônica de produção e expressão do pensamento filosófico? Ora, como sabemos, em suas origens gregas, o exercício da filosofia não estava voltado necessariamente para a produção de um discurso escrito.

Contudo, a literatura filosófica constitui uma fonte preciosa e inesgotável para o ensino/aprendizado da filosofia. Nas sociedades ditas civilizadas, a escrita tornou-se um dispositivo técnico de regulação (controle) e de registro (fixação) do pensamento. Diante disso, o filósofo viu-se obrigado a incorporar a escrita em seu ofício, a fim de poder não só expressar, mas produzir o seu pensamento. Assim, o uso da escrita deixou de ser simples meio de expressão para se tornar um meio de produção do pensamento. Porém, resulta duvidoso afirmar que nos textos filosóficos encontramos a essência da filosofia. Ou seja, não se pode sustentar (sem objeções) que a *vitalidade da filosofia* depende necessariamente da escrita, uma vez que

no diálogo (na interlocução) o pensamento se efetiva, se desdobra e se refaz continuamente.

Assim, se pretendemos compreender as possibilidades e os limites do discurso escrito, devemos considerar, para efeito de análise, a crítica de Platão à escrita, que encontramos exposta, sobretudo, em sua obra *Fedro*. Se não se pode assentir com todos os argumentos platônicos assacados contra a escrita, também não se pode desconsiderar sua validade e atualidade. Trata-se, portanto, de compreender a natureza da escrita em uma perspectiva filosófica, visto que o que está em questão, não é *como devemos escrever*, mas *por que devemos escrever* para fazer filosofia.

Em nosso entender, tanto a *palavra falada* quanto a *palavra escrita* concorrem (ainda que de modo diferente) para a constituição (realização) e a expressão (exposição) do pensamento filosófico. Contudo, neste capítulo, pretende-se analisar as condições sob as quais é possível escrever filosoficamente, isto é, escrever textos filosóficos. Em suma, o que se quer não é apenas propor o domínio de determinadas aptidões ou habilidades filosóficas de pensamento ou de técnicas de escrita filosófica, mas compreender a condição da filosofia sob o regime da escrita. Ou seja, ao filósofo e ao leitor de textos filosóficos não basta saber escrever, é necessário saber pensar a escrita enquanto instrumento de produção e de expressão filosófica.

## 3.1 – O PORQUÊ DA CRÍTICA DE PLATÃO À ESCRITA

Platão (*Fedro* 274b-278b; Carta VII 344c-344d) pretende discutir e analisar a modalidade de comunicação[31] (expressão)

---

31  Segundo Platão (*Fedro* 259e-260cd), o verdadeiro discurso pressupõe o conhecimento e o compromisso com a verdade. Por isso, a retórica (*a dialética*) *filosófica* não coincide com os discursos escritos de Isócrates, nem com os discursos falados

mais eficaz, convincente e apropriada à filosofia. O filósofo grego não critica apenas a escrita, mas a oralidade sob a forma da retórica sofista. À primeira vista poderíamos supor que a recusa de Platão diz respeito apenas à escrita, porque ao contrário do pensamento (que é dinâmico), o texto escrito é estático (fixo e imóvel). Entretanto, no *Fedro* Platão pretende mostrar a diferença que existe entre a falsa retórica (dos sofistas), porque visa apenas o sucesso individual através da persuasão e a verdadeira retórica (dos filósofos), denominada pelo filósofo de dialética. A dialética se serve da persuasão, não para iludir ou enganar os interlocutores, mas para gerar a adesão à verdade. A dialética platônica pressupõe o diálogo (a relação) das almas consigo mesmas e com as outras almas, uma vez que o conhecimento brota do interior – do próprio pensamento – e não da linguagem.

Se a verdade não habita a palavra (a linguagem), é, entretanto, a palavra que descreve e comunica a verdade, porque é sua imagem (e imitação). No discurso escrito, porém, a imagem da realidade é sempre parcial e imperfeita, ao passo que no discurso oral, a imagem da realidade embora parcial e imperfeita é capaz de almejar a perfeição. Por isso, para Platão (*Fedro*, 271d), o discurso oral (a dialética) goza de primazia sobre o discurso escrito, porque se adapta às circunstâncias (situações) de cada gênero de alma.

Ao comparar a escrita com a pintura, Platão (*Fedro*, 275d-e) pretende mostrar que assim como a pintura produz uma

---

de Górgias e dos demais sofistas. A retórica filosófica não se move pela paixão ou pelo desejo irracional (*Eros*) que governa a retórica sofística, mas pelo *Eros* (amor ou desejo de saber) enquanto busca e conhecimento das realidades inteligíveis. Os sofistas estão preocupados apenas com o interesse e o êxito pessoal, ao passo que a filosofia busca a verdade (o interesse de todos). A retórica dos sofistas visa apenas a persuasão (o bem falar e o bem escrever) e não a instrução (a educação) da alma. Porém, a retórica não está dissociada da ética e da política. A verdadeira educação implica um processo de conversão da alma (*A República*, 518); a contemplação do bem, do belo e do verdadeiro.

imagem imóvel da realidade, a escrita imobiliza o pensamento. Porque é um cadáver do pensamento, a escrita necessita da leitura (do leitor) para devolver a vida ao pensamento. Entretanto, quando lemos para reproduzir ou para imitar o que está escrito, não fazemos bom uso da escrita.

Segundo o filósofo, a escrita só é útil àquele que já sabe por outras vias. Ou seja, o *saber filosófico* é intransmissível; não está consignado ou depositado no texto escrito. A escrita é aparência de saber, cópia ou retrato do pensamento. Na escrita, as palavras estão presentes, mas o pensamento está ausente. A palavra escrita é apenas um vestígio (rastro) do pensamento, mas não contém nenhuma doutrina. Dito de outro modo, a escrita contém um fragmento do pensamento do autor; é um retrato de um instante ou de um ato de pensamento.

A verdade não é passível de transmissão, porque não pode ser expressa em enunciados ou proposições; é fruto de uma experiência filosófica (de uma descoberta pessoal). É pela dialética (e não pela escrita) que aprendemos e ensinamos; a dialética é a inscrição do discurso (*logos*) na alma do aprendiz. Platão (*Fedro*, 276b-277a) compara ainda a alma com o solo, a fim de mostrar a diferença que existe entre a escrita (o discurso escrito) e o discurso vivo (a dialética). Ou seja, assim como a semente requer não só um terreno fértil, mas cuidado e tempo para germinar e produzir frutos, a concepção de uma ideia necessita de tempo e cultivo para se desenvolver e frutificar. Não se pode pensar bem quando se pensa de modo apressado ou superficial. É por isso que Sócrates define o filósofo como partejador de ideias, o que implica dizer que o verdadeiro pensamento é uma extração do interior (da alma) e não do exterior (da escrita).

A dialética não é apenas um gênero literário, mas um método de investigação em Platão. A escrita não pode ensinar, porque é incapaz de perguntar e de responder (*Protágoras* 329a).

Portanto, a invenção da escrita não constitui um remédio para a memória, mas um veneno, na medida em que produz o esquecimento. Conhecer é recordar (anamnese). Por isso, trata-se de saber se a escrita possibilita ou impede a recordação. Ora, somente a oralidade possibilita através da pergunta e da resposta, a progressão e o aprendizado (ou a correção) do pensamento.

Segundo Platão, o ingresso (a entrada) na filosofia não se dá mediante a escrita, mas pelo exercício dialético do pensamento, que se traduz no ato de perguntar e de responder, na concordância e discordância de ideias entre os interlocutores. Nessa perspectiva, a escrita representa a morte do pensamento, ao passo que a fala (a oralidade) traduz a vitalidade do pensamento. Entre a escrita e a oralidade existe a mesma oposição que há entre a estática e a dinâmica. Ou seja, pela escrita, o pensamento entra em estado de repouso, enquanto que pela oralidade, o pensamento entra em movimento (atividade). A filosofia é dialética, porque se produz e se refaz na exposição e na contraposição de ideias.

A crítica desferida por Platão à escrita visa mostrar a diferença que existe entre *aprender a pensar* e *aprender pensamentos*. Nesse sentido, pretende distinguir a verdadeira filosofia da pseudofilosofia (a *filodoxia*), isto é, a dialética da retórica sofística. Ou seja, Platão pretende, de um lado, demonstrar a inferioridade retórica da palavra escrita em relação à palavra falada (à oralidade); de outro lado, demonstrar a dependência e a subordinação da linguagem (escrita e oral) ao pensamento. Por isso, não é a escrita em si o alvo da crítica platônica, mas o uso que dela se faz. Isto é, a crítica platônica aponta para o fato de que a palavra escrita indica uma via aberta e trilhada pelos outros.

Ler é revestir o pensamento com ideias alheias. O texto escrito só permite pensar o que já foi pensado, aquilo

que outros pensaram. Porém, o saber – que devemos buscar – não se encontra depositado no texto escrito; é fruto da atividade da alma, isto é, do exercício dialético da razão. Enquanto "lembrança exterior", a escrita é estéril, porque quem lê não produz nem exercita seus próprios pensamentos. Platão (*Fedro* 275d-277a) compara a escrita à pintura. As imagens da pintura (de animais e paisagens) são imitações, cópias da realidade. Assim também a escrita é cópia do pensamento, mas não o próprio pensamento. Escrever é esquecer; imobilizar o pensamento. A escrita é o fóssil do pensamento, porque é um corpo sem vida. A leitura nos dá acesso às palavras, mas não às ideias. Conhecer implica compreender o que se pensa. Por isso, apropriar-se de pensamentos alheios não é o mesmo que exercitar o próprio pensamento.

Para Platão, a escrita representa dupla traição em relação ao pensamento do autor. De um lado, o autor sabe que a escrita não pode exaurir todo o seu pensamento. Ou seja, a palavra escrita imobiliza o pensamento, interrompe seu curso ou desenvolvimento. Escrever é, nesse sentido, trair a si mesmo, uma vez que o pensamento do autor não se identifica (totalmente) com o que foi escrito. Ao contrário, no diálogo, isto é, no discurso oral, o pensamento se desenvolve mediante o confronto e a contraposição de ideias. Por outro lado, a escrita representa a traição do autor pelo leitor, uma vez que um texto escrito está sujeito à distorção e à falsificação. Ao escrever, o autor torna-se ausente do texto. A escrita trai necessariamente o autor na medida em que o texto fica sujeito a diferentes interpretações sem a possibilidade da intervenção retificadora do autor. Incapaz de se defender, o texto escrito está sujeito à distorção ou à desfiguração. Uma interpretação pode pretender dizer mais ou menos que aquilo que o texto diz; o significado do texto pode não coincidir com aquilo que o autor quis dizer. Se a interpretação correta depende do aval do autor, a interpretação incorreta corre à sua revelia. O leitor pode distorcer (extrapolar, reduzir e contradizer) o sentido do texto. A escrita é, nesse sentido, o ato pelo qual o autor se separa de seu texto.

Desse modo, os limites da escrita não estão somente naquele que escreve, mas naquele que lê. Se, por um lado, o autor pode supor que nem todo o seu pensamento está contido no texto escrito, o leitor pode, por outro, pressupor que aquilo que está escrito é a totalidade do pensamento do autor. Em sua crítica, Platão deseja saber se a escrita enquanto invenção técnica representa um bem ou um mal para a educação do homem. A conclusão a que chega é que a escrita substitui ou destrói a memória, porque impede o homem de exercitá-la. Ou seja, a escrita é um remédio para a rememoração (o esquecimento), mas não para a memória (reminiscência).

Nesse sentido, Platão pretende no *Fedro* mostrar a existência de uma ordem hierárquica entre *pensar, falar* e *escrever*. A fala, assim como a escrita pertencem à linguagem, ao passo que o pensamento pertence à alma (é autárquico). Ou seja, o pensamento precede a linguagem, dado que é um diálogo (atividade) da alma consigo mesma (*Sofista* 263e). Disso decorre, segundo Platão, que é possível pensar sem falar, uma vez que a linguagem é apenas o invólucro, o instrumento ou a exterioridade do pensamento.

Vê-se, dessa forma, que para Platão, a escrita não é um auxílio para a memória, ao contrário, é uma lembrança exterior. Embora o ato de escrever seja indissociável do ato de pensar, o ato de pensar é independente do ato de ler. Ou seja, ler um texto não significa tê-lo compreendido. Ou melhor, só posso definir como meu saber aquilo que compreendi. O que se compreende não se pode escrever. As recordações escritas são um precioso auxílio para quem já sabe de outro modo. O verdadeiro aprendizado ocorre na alma, porque a fonte do saber é interna. É na alma que se encontra o verdadeiro tesouro do saber. Por isso, a alma deve aprender por si mesma, pois, ninguém pode compreender algo no lugar de outro, uma vez que ninguém pode pensar por outrem. O saber é um atributo da alma. Por isso, é inútil escrever algo que ainda não foi compreendido.

Portanto, a superioridade do *discurso oral* sobre o *discurso escrito* está assentada sobre o fato de que o *discurso escrito* não sabe responder, diz sempre a mesma coisa. É incapaz de se defender, porque seu autor está ausente. Ademais, pode cair nas mãos de quem não está em condições de compreendê-lo (*Fedro* 275d-e). Daí pergunta-se: qual comunicação é mais eficaz para estimular o aprendizado filosófico? Segundo Platão (*Fedro* 274css), a filosofia não pode ser contida (abarcada) pela escrita, porque deve se adaptar às características de cada alma; deve ser diferente caso a caso. O pensamento está sempre em trânsito entre o saber e o não saber, por isso, é inabarcável pela escrita. Ou seja, o pensamento é algo vivo e dinâmico, passível de transformação. É preciso saber como, a quem e em que circunstâncias dirigir a palavra; é preciso conhecer a alma dos interlocutores. A diversidade das almas se manifesta na diversidade das perguntas e das respostas. Nesse sentido, a capacidade de falar e de compor discursos está subordinada à capacidade de filosofar.

No *Fedro*, o saber absoluto, a apreensão[32] intuitiva das essências (aquilo que é imutável ou não proposicional) é inacessível ao homem nesta vida. Filósofo não é aquele que possui o saber, mas aquele que está em busca do saber, ou seja, que é tomado pelo desejo de saber. O verdadeiro saber

---

32   Em *A República* (diálogo da maturidade), Platão afirma que ao filósofo é dado o poder de captar ou de apreender a essência das coisas, ou seja, o filósofo se identifica com o sábio (*sophos*).

é móvel, variável, provisório, proposicional e atualizável. O *logos* é relativamente imóvel em relação à sensibilidade e relativamente móvel em relação à intelecção pura. A sensibilidade (opinião) é uma realidade móvel. O *logos* tem o poder de descrever com palavras as qualidades das coisas, mas é incapaz de mostrar a coisa como é em si mesma (sua essência). O verdadeiro saber não é proposicional/dogmático, doutrinário, terminado ou completo. Não se pode depositar o saber filosófico numa doutrina escrita.

A escrita imobiliza (fixa) o pensamento, ao passo que o diálogo mobiliza, põe em movimento o pensamento. O texto escrito contém uma parcela, mas nunca a totalidade do pensamento. Por isso, a escrita é ineficaz para aprender embora seja eficaz para lembrar o que sabemos. A imobilidade da escrita impede que se aprenda, porque o texto responde sempre da mesma forma às perguntas que fazemos. O filósofo pode escrever (compor discursos), mas não é identificado com seus discursos, visto que são produtos imperfeitos e transitórios de seu pensamento. A transitoriedade do pensamento revela o incessante movimento que vai do não saber ao saber e vice-versa. Não é filósofo aquele que diz saber, mas aquele que deseja saber. A filosofia não é conhecimento de tudo, mas do todo (da totalidade) do real. O filósofo é um pensador e não um sábio. De modo esquemático, pode-se representar a relação entre pensamento e linguagem em Platão desta forma:

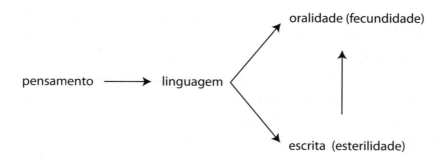

## 3.2 – RICOEUR E A ESCRITA ENQUANTO OBRA DO PENSAMENTO (FILOSÓFICO)

A linguagem é, segundo Ricoeur,[33] constituída de duas entidades: o signo (a palavra) e a frase. O signo é objeto de estudo da semiótica na medida em que contém virtualmente o sentido, ao passo que a frase (objeto da semântica) atualiza e renova o sentido. Embora composta de signos, a frase não é um signo, mas uma unidade de sentido. O caráter irredutível da frase[34] (em relação ao signo) confere à linguagem o poder de constituir e de expressar o pensamento. No dizer de Ricoeur (1976, p. 31), a frase conduz a linguagem para além dela mesma. Ou seja, é a linguagem que estabelece uma mediação entre as mentes e as coisas (o mundo), por isso, não existe pensamento sem linguagem.

A passagem da *linguagem* (signo linguístico/palavra) para o *discurso* (frase/enunciado) torna possível a compreensão. É, porém, no movimento dialético entre *acontecimento* e *significação* que o discurso se atualiza e se exterioriza

---

[33] *Teoria da interpretação*. Lisboa: Ed. 70, 1976, pp. 18-20. Cumpre dizer que a teoria da enunciação (do discurso) de Ricoeur encontra sua inspiração nos *Problemas de linguística geral I, II* de E. Benveniste.
[34] "Uma frase é um todo irredutível à soma das suas partes" (RICOUER, 1976, p. 19).

(produz comunicação). No *discurso falado*[35] locutor e ouvinte se confrontam pelo diálogo. Enquanto o acontecimento (evento linguístico) é a atualização do discurso, porque algo acontece quando alguém fala (comunicamos uma experiência pela linguagem), o significado, porém, é aquilo que é compreendido no discurso.[36] Ou seja, o que dizemos difere do que é dito. O acontecimento é fugidio (transitório), ao passo que o significado[37] (aquilo que compreendemos) é permanente, estável. A significação se desdobra sobre a relação dialética entre sentido e referência. O sentido é interno ou imanente ao discurso, por isso, é objetivo. A referência[38] é transcendência da linguagem em relação a si mesma; é a relação entre linguagem e mundo. É porque a linguagem é referencial que possui sentido.[39]

Entretanto, no diálogo[40] há uma *situação comum* entre locutor e ouvinte, dado que ocupam as mesmas coordenadas de espaço e tempo. Se há polissemia[41] nas palavras (pode dar origem a diferentes interpretações), pelo diálogo é possível impor uma restrição de significado, reduzindo ou eliminando as distorções de interpretação. Ou seja, o diálogo enquanto instância do discurso produz entendimento (compreensão). A enunciação é o ato pelo qual o autor confere existência à linguagem como discurso. A frase é, portanto, uma unidade completa do discurso.

---

35  *Ibidem*, 1976, p. 28.
36  "Se todo o discurso se atualiza como um evento, todo o discurso é compreendido como significação" (RICOEUR, 1976, p. 23).
37  "Significar é o que o falante quer dizer, isto é, o que intenta dizer e o que a frase denota, isto é, o que a conjunção entre a função da identificação e a função predicativa produz" (RICOEUR, 1976, p. 24).
38  "Referir é o uso que a frase faz numa certa situação e em conformidade com um certo uso" (RICOEUR, 1976, p. 33).
39  "O discurso refere-se ao seu locutor ao mesmo tempo que se refere ao mundo" (RICOEUR, 1976, p. 33).
40  "As línguas não falam, só as pessoas" (RICOEUR, 1976, p. 24).
41  *Ibidem*, 1976, p. 28.

A escrita[42] é uma forma de discurso. Ricoeur (1989, p. 141), denomina de texto "[...] a todo o discurso fixado pela escrita". Assim, se o discurso[43] enquanto acontecimento temporal se desvanece (desaparece) na fala, na escrita, porém, o discurso é preservado da destruição. Enquanto discurso escrito (texto), a linguagem assume, porém, um estatuto próprio. A escrita destrói a situação dialógica,[44] mas preserva a relação dialética entre acontecimento e significação. Na passagem da fala à escrita, o discurso é afetado de muitos modos; o locutor cede lugar ao autor, o funcionamento da referência[45] é alterado. Escrever é instaurar uma dupla separação: entre o autor e seu texto, e entre o texto e o leitor.

Na escrita, o texto adquire autonomia na medida em que pode ser lido por todo aquele que saiba ler. Porém, a autonomia do texto é também um distanciamento em relação ao autor. Ou seja, ao fixar (escrever) o discurso, o autor (sujeito da enunciação) atualiza e renova a linguagem, produz significados que não coincidem mais com a sua intenção. Assim, diferentemente do que ocorre na fala (discurso falado), em que há uma situação dialógica (proximidade) entre falante e ouvinte, no texto escrito não há uma situação comum, mas um *distanciamento*[46] entre texto (autor) e intérprete (leitor).

Se no discurso falado é possível identificar a intenção do autor com o significado do que diz, no discurso escrito (no texto), isso já não é mais possível. O significado[47] verbal não se identifica com a intenção mental do autor. O significado

---

42   *Ibidem*, 1976, p. 35.
43   *Ibidem*, 1976, pp. 38-39.
44   *Ibidem*, 1976, p. 41. "A hermenêutica começa onde o diálogo acaba" (RICOEUR, 1976, p. 43).
45   *Ibidem. Interpretação e ideologias*, 1988, p. 54.
46   RICOEUR, P. *Interpretação e ideologias*. Rio de Janeiro: F. Alves, 1988, p. 54.
47   *Ibidem*, 1976, p. 41.

do texto não se identifica com aquilo que o autor quis dizer.[48] Dito de outro modo, o texto se descontextualiza[49] para se recontextualizar (pelo ato de ler). Ou seja, é o distanciamento a condição de possibilidade de toda compreensão. Compreender é compreender à distância.

Para Ricoeur (1989, pp. 115-118), todo discurso escrito (texto) é uma *obra literária*, uma vez que é o resultado da composição, construção ou produção de frases ou enunciados. Ou seja, é enquanto texto que o discurso é produzido como obra (trabalho intelectual e material).[50] A obra é um trabalho de organização da linguagem.[51] Enquanto gênero literário, o discurso é gerado (produzido) e classificado como obra. Ora, se o gênero literário dá origem ao texto, é pelo estilo que o texto se individualiza. Porém, a produção do texto (do discurso escrito) não se reduz ao domínio de uma técnica em sentido moderno; é uma *techné* (arte/artesanato)[52] e uma prática (*práxis*)[53] em sentido grego, por isso, requer invenção, produção e criatividade. Segundo Ricoeur (1976, pp. 37, 40-43), é no texto que o discurso se manifesta plenamente, visto que a escrita instaura uma separação entre *evento* e *significado*. Por isso, a relação entre escrever e ler não é análoga àquela que existe entre falar e ouvir. A escrita não só preserva o discurso da destruição, mas afeta de modo decisivo sua compreensão. Ou seja, a escrita confere ao texto uma autonomia semântica; pode ser lido por todo aquele que saiba ler.

---

48   *Ibidem. Do texto à ação: ensaios de hermenêutica II*, 1989, p. 118.
49   *Ibidem*, 1989, p. 119.
50   *Ibidem. A metáfora viva*. São Paulo: Loyola, 2000, p. 336.
51   Ricoeur (1989, p. 117) denomina o autor de "[...] o artesão da linguagem".
52   *Ibidem*, 1989, pp. 115-118. "A linguagem é submetida às regras de uma espécie de artesanato, que nos permite falar de produção e de obras de arte e, por extensão, de obras de discurso" (RICOEUR, 1976, p. 44).
53   *Ibidem*, 1989, p. 115. Na prática e na produção não há diferença entre o trabalho intelectual e o trabalho manual.

Assim, ao se desprender das mãos do autor, o texto possibilita múltiplas interpretações, o que significa dizer que o autor não poderá estar presente para se defender das possíveis distorções. Ou seja, a escrita cria (virtualmente) um auditório universal; estende universalmente o círculo de comunicação de um discurso. Entretanto, uma obra cria e seleciona[54] seus leitores; enquanto fenômeno social, a escrita inclui alguns e exclui outros.

A escrita dá origem ao problema hermenêutico na medida em que separa o texto de seu autor. A *referência* é afetada pela escrita, porque segundo Ricoeur (1976, p. 54): "Já não é mais possível mostrar aquilo de que falamos [...]". A leitura, portanto, é o ato pelo qual o leitor descreve um movimento de aproximação em relação ao texto. Ler é percorrer o caminho de volta, a fim de resgatar e de se apropriar[55] do sentido do texto. Ou seja, a leitura é um combate entre o leitor e alteridade do texto transformada em alienação cultural. É pela leitura que o texto adquire vida e atualidade. Na leitura, a relação dialética entre acontecimento e significado implica considerar que o texto inaugura novas possibilidades de mundo toda vez que é lido, isto é, interpretado. Ou seja, ao se expor diante da obra, o leitor desvenda novas possibilidades de pensamento.

Com efeito, a relevância filosófica da teoria hermenêutica de Ricoeur consiste em afirmar que não há explicação sem compreensão (e vice-versa). O processo interpretativo (hermenêutico) vai da compreensão à explicação. Compreender é perseguir o sentido do texto, o que implica formular

---

54  Ao comentar a crítica de Rousseau à escrita, Ricoeur (1976, p. 51) afirma: "Com a escrita, começou a separação, a tirania e a desigualdade. A escrita ignora o seu endereçado, da mesma maneira que oculta o seu autor. Separa os homens, tal como a propriedade separa os seus proprietários".
55  *Ibidem*, 1976, p. 55. Para Ricoeur, a leitura é um *pharmacon*, porque atua como um remédio, a fim de restabelecer o sentido do texto que foi alterado pelo distanciamento.

uma hipótese interpretativa. No entender de Ricoeur, todo texto contém um excesso de sentido; produz efeitos de sentido que não foram perspectivados ou vislumbrados pelo autor. Assim, se já não é mais possível saber o que o autor[56] quis dizer ao escrever seu texto, então resta ao leitor a tarefa de conjecturar sobre o texto.

Por isso, a leitura é um ato de compreensão à medida que o leitor reconstrói pela síntese o sentido aberto pelo texto. Porém, nem toda hipótese interpretativa (ou interpretação) é válida, porque depende da explicação, isto é, da estrutura enunciativa do discurso (que encontra na escrita a sua plena expressão). Da análise do texto decorre a validade da compreensão. A obra escrita projeta (ou inscreve) um mundo de possibilidades interpretativas. O círculo hermenêutico que existe entre explicação e compreensão permite pensar a escrita enquanto relação dialética entre o texto e o intérprete, entre as partes do discurso e o todo. Nesse sentido, o filósofo pretende ultrapassar a hermenêutica romântica e historicista.[57] Dito de outro modo, a compreensão de um texto (filosófico) implica a apropriação de seu sentido, isto é, o exercício do próprio pensamento em confronto com o texto. Por isso, a escritura do texto filosófico requer não apenas o domínio do funcionamento sintático da língua, mas o domínio de uma gramática filosófica.

Ao escrever seus textos, o filósofo não só faz uso da gramática de uma língua, mas inventa uma nova gramática (novos termos ou conceitos, um novo modo de pensar e de expressar o pensamento). Assim, cada filósofo inaugura uma nova filosofia, um *estilo filosófico* diferente. A filosofia é essencialmente inventiva, portanto, não existem regras

---

[56] "Com a escrita, o sentido verbal do texto não mais coincide com o sentido mental ou a intenção do texto" (RICOEUR, 1976, p. 87).
[57] *Ibidem*, 1976, p. 34.

por meio das quais pudéssemos (infalivelmente) aprender a escrever textos filosóficos. A criatividade não é objeto de ensino, apenas de estímulo e exercício. O que pode ser ensinado pode ser reproduzido, transferido ou transmitido. Ao contrário, a criação filosófica é a capacidade de pensar o que ainda não foi pensado.

Portanto, escrever filosoficamente não é o mesmo que escrever corretamente (seguir as regras da gramática). A correção gramatical é uma condição necessária da produção de todo texto. Por isso, dependendo do contexto de enunciação, erros gramaticais podem comprometer a compreensão de textos filosóficos. Assim, se cabe ao filósofo a tarefa de desafiar o pensamento pelo pensamento, não lhe é dado transgredir a gramática de sua língua quando produz e expressa seu pensamento. Se a produção do texto filosófico não se limita à gramática, é, porém, através da escrita que o pensamento sobrevive a seu tempo.

É nesse sentido que se pode dizer que os textos clássicos são aqueles textos que sobrevivem à passagem do tempo. Ou seja, o texto filosófico denuncia não só a época, mas a sociedade em que o filósofo viveu. Ou melhor, o filósofo não só pertence a uma época, mas a uma sociedade; é falante de uma língua natural. Por isso, o domínio da língua materna é a única *condição inicial* que se impõe àquele que quer exercitar-se no pensamento filosófico. Dito de outro modo, o pensar filosófico tem início quando formulamos uma pergunta filosófica; ou seja, nossa capacidade de aprender é proporcional à nossa capacidade de perguntar.

Por outro lado, o pensamento filosófico se desenvolve em confronto com a história da própria filosofia. A interrogação filosófica volta-se não só sobre a realidade presente, mas sobre o passado da filosofia, a história do próprio pensamento filosófico. Em cada uma das filosofias, é a própria filosofia (sua essência e sentido) que está em questão. Escrever textos filosóficos implica ler textos filosóficos, visto que o ato de escrever é um procedimento que está subordinado ao ato de ler. Ou seja, a capacidade de escrever pressupõe a leitura, na medida em que o domínio da gramática (da sintaxe e da semântica) é condição necessária para bem escrever. Porém, se pretendemos escrever filosoficamente, não basta seguir as normas da gramática, é necessário pensar filosoficamente.

O aprendizado da gramática não coincide com o aprendizado das regras da produção de textos filosóficos. O domínio da língua (materna) é condição imprescindível, mas é insuficiente para se aprender a escrever textos filosóficos. A sintaxe assegura a coesão textual, mas não pode determinar o sentido filosófico de um texto. Daí dizer que a pergunta: *Como escrever textos filosóficos?* – não pode ser respondida, senão filosoficamente. Ou seja, a capacidade filosófica não se reduz à competência linguística. Entretanto, é possível dizer que pensar e ler são processos que se implicam (e se reforçam) mutuamente.

A produção escrita do pensamento filosófico se desdobra na criação de conceitos, na formulação de problemas e na construção de argumentos lógicos. Ou seja, é necessário aprender a pensar sobre o próprio pensamento, investigar seus limites e possibilidades. Por exemplo, ao invés de afirmar pura e simplesmente que a democracia se fundamenta sobre a igualdade e a liberdade, deveríamos perguntar: o que é a igualdade? O que é a liberdade? Que relação existe entre liberdade e igualdade? Ao invés de perguntar sobre o que estamos pensando, deveríamos antes perguntar: o que é o pensamento? De onde vem o pensamento? Ao invés de afirmar que a ciência é um conhecimento acerca da realidade, deveríamos perguntar: o que é o conhecimento?

O que é a realidade? Ou seja, o pensar filosófico investiga aquilo que não está ao alcance da visão (e dos outros sentidos) – aquilo que não pode ser apreendido ou compreendido imediatamente.

Embora a capacidade de pensar seja uma faculdade natural (não é algo adquirido), podemos, entretanto, desenvolvê-la mediante o exercício do próprio pensamento. Se pensar é um ofício intransferível, não é, porém, um exercício desvinculado das condições impostas pela linguagem. Na produção e expressão escrita, o pensar filosófico deve conformar-se à estrutura do texto escrito. A gramática da língua natural impõe ao pensamento uma ordem de composição, uma forma ou estrutura (a sintaxe), cuja transgressão torna ininteligível o texto filosófico. Porém, é tarefa do pensar filosófico instaurar novos significados através da relação entre sentido e referência. Portanto, ao se textualizar, a filosofia introduz para além da semântica de superfície) uma semântica profunda, que só se deixa avistar pela leitura atenta e reflexiva. Assim, todo texto filosófico tem uma intencionalidade oculta ao olhar desatento, cuja função é instigar no leitor o desejo de filosofar através do exemplo e da experiência dos filósofos. Assim, se a gramática é objeto de ensino e de aprendizado, a capacidade de pensar filosoficamente é mais fruto do talento e da originalidade do próprio pensamento.

Vê-se, portanto, que a escrita filosófica é o exercício da criação e da invenção filosófica – o que implica uma habilidade incomum – uma forma inteiramente nova de pensar e conceber a filosofia. Porém, o filósofo não pensa como se o mundo não existisse, ou seja, a partir do nada (*ex nihilo*); sempre partimos de outros pensamentos, porque a filosofia é obra da cultura. Herdamos ideias, valores, princípios e critérios. Contudo, só filosofamos quando interrogamos o modo habitual de pensar e de compreender a realidade em que vivemos. Se, por um lado, o pensamento do filósofo reflete (deixa transparecer de alguma maneira) o "espírito de seu tempo", por outro lado, o filósofo é capaz de pensar contra e para além de seu tempo; é um homem teoricamente engajado, por isso, pode intervir criticamente na sociedade em que vive.

Entretanto, ao escrever, o filósofo não pretende primeiramente ensinar aos outros, mas instruir a si mesmo. A escrita não é apenas um meio de expressão, mas de produção do pensamento. É pela escrita que é possível organizar, corrigir e desenvolver o pensamento. Assim, ao materializar o pensamento, a escrita cumpre a função de espelho refletor; constrói e exibe uma "imagem" ou uma réplica do pensamento. Por isso, se, de um lado, a escrita separa o autor de seu texto, por outro lado, é pela escrita que o pensamento adquire sua atualidade. Ou seja, a escrita tem o poder de arrancar o pensamento do passado e de transportá-lo para o presente (e o futuro). A leitura permite resgatar e reinterpretar o pensamento dos autores do passado diante das questões do presente.

Todavia, o pensamento filosófico encontra na escrita uma possibilidade e um limite. Uma possibilidade, porque há um aspecto comum entre *escrita* e *filosofia*. Ou seja, pela escrita é possível constituir (e estabelecer) um auditório universal – pretensão e pressuposto de toda filosofia. Todo filósofo concebe sua filosofia como se fosse a verdadeira filosofia.[58] Por isso, o filósofo busca (consciente ou inconscientemente) não só prestígio e reconhecimento, mas a plausibilidade de suas teses e ideias.

---

58  Porém, do ponto de vista do historiador da filosofia, não existem filosofias verdadeiras nem falsas, mas diferentes filosofias, melhores ou piores.

A escrita abre através da leitura uma via de acesso ao pensamento de autores de todas as épocas, lugares e culturas. Nesse sentido, a escrita[59] tem a potencialidade de ampliar (de estender) universalmente o auditório da filosofia. Ora, o que um filósofo pensa pode ser (em tese) compreendido por todos os filósofos. Entretanto, para ser filósofo, é necessário engendrar seu próprio pensamento, o que implica estabelecer uma relação de conflito com todas as filosofias existentes. Só é filósofo aquele pensador que ousou combater não só a inércia de seu pensamento, mas enfrentar e opor resistência à ação ideológica e dominadora do pensamento alheio.

Por outro lado, a escrita impõe um limite ao pensamento filosófico, visto que aquilo que o registro escrito contém não é o próprio pensamento, mas o seu rastro ou percurso (a sua sombra). A escrita preserva não o pensamento, mas as palavras; por isso, cabe ao leitor insuflar ou infundir vida ao texto. O texto escrito traz a trajetória de um pensamento, o *percurso* de seu desenvolvimento. Porém, se pela escrita lançamos o pensamento ao passado, pela fala e pela leitura nós o atualizamos.

Em outras palavras, a escrita preserva destruindo, daí seu caráter paradoxal. Ou seja, assim como a filosofia não cabe num filósofo, também o pensamento de um filósofo não cabe todo na escrita. Portanto, a escrita não encontra um fim em si mesma, não é apenas um registro, mas um *documento* (visa ensinar), um alimento que nutre não quando o ingerimos, mas quando o digerimos. De acordo com Platão, o filósofo[60] sabe que ao fixar pela escrita seu pensamento estará traindo a si mesmo, sem, contudo, trair a

---

59 RICOEUR, P. *Teoria da interpretação*, 1976, p. 42.
60 *Fedro*, 275d-279b.

filosofia. A filosofia exige o sacrifício do filósofo em proveito próprio.

Embora operando nos limites da escrita, o pensamento filosófico não deixa de se produzir e reproduzir enquanto discurso. Diferentemente do discurso oral, o discurso escrito permite o retorno do pensamento sobre o que já foi pensado (através do movimento de ida e volta), retificando o próprio pensamento. Por isso, a lentidão, o hábito de repensar ou de refletir confere vigor, profundidade e expansão ao pensamento, visto que o filósofo deve ser para si mesmo o primeiro interlocutor de seu próprio pensamento. Desse modo, o juízo filosófico não poder ser um juízo apressado, fruto da irreflexão e da imaturidade do pensamento.

Não só a leitura filosófica é necessariamente lenta (sem ser vagarosa), mas a escrita filosófica, visto que é tarefa do pensamento filosófico combater os próprios preconceitos (as falsas ideias). Escrever é, nesse sentido, um genuíno exercício filosófico, porque constitui a singularidade do pensamento em confronto consigo mesmo, isto é, com aquilo que foi recebido da tradição e da realidade. Ora, se ninguém nasce filósofo, então os filósofos tornaram-se filósofos, mas não por um processo espontâneo ou natural. De igual modo, o filósofo não surge necessariamente de um curso de Filosofia (assim como o artista não surge necessariamente de um curso de Artes).

Entretanto, é possível estimular e desenvolver o espírito filosófico, a inquirição e a reflexão – atitudes necessárias à prática do filosofar. Ou seja, se não é possível ensinar filosofia, é possível, entretanto, despertar e encorajar o filosofar. Esquematicamente, é possível representar de acordo com Ricoeur as relações dialéticas entre as diferentes instâncias do *discurso,* da seguinte forma:

## 3.3 – A ESPECIFICIDADE DA DISSERTAÇÃO FILOSÓFICA

A dissertação filosófica é um gênero textual (discursivo-argumentativo), cujo objetivo é propor e sustentar uma tese, defender uma ideia. É um genuíno exercício de investigação filosófica na medida em que mobiliza habilidades do pensamento filosófico. Ou seja, a escrita filosófica implica uma exposição e disposição do pensamento, de modo a tornar plausível uma tese. Assim, a defesa de uma ideia ou tese filosófica impõe uma ordem e uma progressão lógica ao pensamento. Porém, diferentemente dos textos científicos, os textos filosóficos não pretendem descrever nem explicar a ocorrência de eventos ou fenômenos, mas apresentar os *pressupostos* e as *razões* que poderiam justificar nosso pensamento (nossa compreensão da realidade) e nossas ações. Nesse sentido, as teses filosóficas não são demonstradas mediante um procedimento experimental, mas segundo um procedimento lógico ou racional. Ora, se as ideias filosóficas não estão sujeitas à verificação empírica, também não podem ser refutadas empiricamente. Os exemplos estão subordinados aos conceitos, assim como o particular (o concreto) está subordinado ao geral (abstrato).

A dissertação filosófica depende, portanto, da consistência das ideias e da validade dos argumentos ou raciocínios. As ideias filosóficas não brotam espontaneamente em nosso espírito, estão relacionadas com nossas vivências e experiências, com nosso aprendizado e formação. Dito de outro modo, a dissertação filosófica se caracteriza pela explicação e discussão de uma ideia, pelo desenvolvimento de um raciocínio, pela exemplificação e pela capacidade de extrair conclusões lógicas (válidas). É necessário aplicar os princípios lógicos de organização e de exposição das ideias na elaboração do pensamento.

A construção do texto dissertativo implica a apresentação do argumento central, pelo qual é possível sustentar a tese que é exposta, assim como a definição de seus termos e conceitos. É necessário analisar as consequências e implicações decorrentes do que está sendo afirmado, e, por fim, extrair uma conclusão que é a reafirmação do argumento principal.

Porém, do ponto de vista acadêmico, a dissertação filosófica decorre, via de regra, do desenvolvimento de um *projeto de pesquisa filosófica*.[61] O trabalho filosófico requer (assim como todo trabalho intelectual) aptidão teórica e técnica; determinação pessoal, esforço, persistência e dedicação. A aptidão teórica diz respeito às habilidades de pensamentos que são requeridas para pensar filosoficamente. A crítica e a criatividade filosófica expressam a capacidade de pensar a partir de critérios. A aptidão técnica está relacionada à capacidade de seguir regras de planejamento e de produção do pensamento. A redação do texto filosófico é antecedida

---

61 É necessário distinguir a *investigação filosófica* do *projeto de investigação filosófica*. *O projeto* é um instrumento de orientação da investigação, ao passo que *a investigação filosófica* é o exercício filosófico propriamente dito. A investigação ou pesquisa filosófica comporta três momentos: a) o *planejamento* (elaboração ou organização do projeto de pesquisa); b) *execução* (ou realização/desenvolvimento) *da pesquisa*; c) *redação* (apresentação/divulgação) dos resultados ou conclusões da investigação.

por um *plano* (que é a ordem a seguir), cuja função é orientar e dispor o espírito à investigação.

É função do projeto de investigação filosófica descrever e evidenciar não apenas a pertinência e a relevância do problema a ser investigado, mas os passos (as etapas), a viabilidade e as condições de exequibilidade de sua investigação. Se pressupomos que a atividade filosófica é essencialmente teórica (conceitual e argumentativa), então, a construção do texto filosófico coincide com a elaboração filosófica do pensamento. A escrita é, nesse sentido, não só um meio de expressão, mas de produção do pensamento. Ao escrever, não só comunicamos o que pensamos, mas exercitamos (elaboramos e desenvolvemos) nosso pensamento; explicamos o que compreendemos ao mesmo tempo em que compreendemos o que explicamos.

Portanto, a investigação filosófica não é um processo aleatório; resulta, ao contrário, de um procedimento racional, rigoroso e intencional. O exercício da filosofia efetiva-se enquanto *atitude inquiridora, atividade investigativa* e *discurso racional*. Ora, a *atitude filosófica* é a atitude inquiridora do espírito que, diante da realidade, pretende conhecer o que é desconhecido. É uma atitude que se manifesta através da formulação de perguntas e de problemas; diz respeito ao desejo de saber que se encontra em todo ser racional. Por isso, desde Platão (*Teeteto*, 155d) e Aristóteles (*Metafísica*, 982b) aprendemos que é a admiração, o espanto e a perplexidade que levam o homem a filosofar. Ou seja, a atitude filosófica (o espírito inquiridor) é comum a todos os homens, porque é natural em todo ser humano o desejo de saber.

É nesse sentido que se diz que as crianças têm algo em comum com os filósofos, dado que não se cansam de perguntar. Ou seja, a filosofia tem sua origem na interrogação (na pergunta). Porém, a atividade ou reflexão filosófica não se reduz à atitude natural (espontânea). O pensamento filosófico não desconhece as necessidades imediatas nem desconsidera as informações dos sentidos, mas não se restringe a elas. Não é à toa que Descartes introduz a dúvida metódica como instrumento crítico do pensamento, a fim de vencer nossa tendência natural à crença.

Assim, enquanto *atividade crítico-reflexiva*, a filosofia implica o exercício da razão, isto é, a reflexão crítica do pensamento, o uso de critérios racionais, a contraposição de ideias e argumentos. A fim de combater a própria ignorância, o filósofo necessita combater seus preconceitos e superstições. Porém, o pensamento racional (conceitual) não suporta contradições nem ambiguidades. A única autoridade a qual o filósofo deve obedecer é a razão. Por isso, o filósofo é um livre pensador, uma vez que não pode se submeter a nenhuma autoridade externa. A razão impõe a si mesma os critérios (as regras) de sua atividade. Se a filosofia é uma atividade racional é porque é uma investigação criteriosa (rigorosa). Clareza e distinção, consistência, coerência e consequências lógicas são exigências internas do pensar filosófico. Porém, o pensamento não nasce pronto, desenvolve-se pelo exercício. A clareza e a precisão são frutos maduros do pensamento. Resulta, necessário, portanto, estabelecer alguns traços característicos da *atividade filosófica:*

> 1º) *Totalidade:* como dissemos, o filósofo é aquele que vê ou percebe o todo, busca compreender a realidade como um todo indivisível. Para tanto, é necessário compreender como os diferentes aspectos de uma mesma realidade se relacionam (ou se conectam) entre si. O olhar filosófico não é o olhar de especialista (que vê ou percebe apenas uma parte ou parcela do real). Os filósofos tendem a construir sistemas de pensamento, porque pretendem apreender e desvelar o sentido da realidade. É porque o real é uno, possui uma unidade

indecomponível que a busca da totalidade, funciona como uma ideia reguladora. A visão do filósofo não coincide com a visão do especialista (cientista) que conhece cada vez mais sobre um determinado aspecto (uma parte) da realidade.

Assim, se a fragmentação do pensamento é inerente ao trabalho científico, a busca de unidade (totalidade) é característica essencial da filosofia. A filosofia é, por natureza, interdisciplinar ou transdisciplinar. As questões filosóficas permanecem subjacentes à atividade científica, de modo que é impossível desvencilhar-se delas. Por isso, pretender negar a filosofia é negar uma filosofia, dado que será sempre necessário afirmar uma outra filosofia em seu lugar. Nesse sentido é que se diz que o filósofo chega antes do cientista.

O filósofo se situa numa região de fronteira, porque busca compreender as relações entre as partes e o todo. A totalidade a que visa o pensar filosófico não coincide com a totalidade empírica pretendida pela ciência. Se é possível à ciência uma abordagem interdisciplinar acerca de um objeto de estudo, o trabalho filosófico visa uma totalidade metafísica (de maior abrangência), que consiste em abarcar pelo pensamento a realidade em sua aparição ou manifestação. Se o pensamento filosófico não pode fragmentar ou seccionar o real, então mesmo quando os filósofos se definem como não sistemáticos (ou assistemáticos), o que se tem é o desejo de compreender o todo a partir de um princípio unificador da realidade. Seja como for, a compreensão e a crítica não podem advir do pensamento lacunar (especializado).

Como dissemos, uma questão só é filosófica se diz respeito a todo ser humano. A universalidade dos problemas filosóficos expressa e traduz o desejo de totalidade que habita o pensamento do filósofo. Assim, se os problemas filosóficos têm uma máxima abrangência, é porque são passíveis de serem compreendidos por todo ser racional. Não se segue, porém, que o filósofo não se interessa pelo particular, mas que se serve do particular para pensar o geral (o universal). Transpor e transcender os limites do particular é a tentativa que o filósofo faz, a fim de mostrar que o seu pensamento não se move no terreno dos fatos e eventos; busca os princípios e os fundamentos da realidade e do próprio pensamento. Situado num plano distinto daquele dos cientistas, o filósofo não visa explicar, mas compreender a realidade.

O filósofo pensa o seu tempo, mas seu pensamento transcende seu tempo (sua época). As contingências históricas informam (instruem), mas não determinam a forma nem o conteúdo do pensamento filosófico. Ou seja, a historicidade é um princípio hermenêutico (interpretativo) que não pode ser confundido com o evolver histórico dos fatos. A história é descrição, interpretação e explicação de fatos ou acontecimentos. A filosofia é compreensão e explicação do sentido da própria história. Ou seja, o filósofo não está fora do mundo nem pensa como se o mundo não existisse. Embora historicamente situada, a filosofia é a experiência da transcendência de tempo e lugar. O filósofo se move entre dois planos diferentes: a imanência (o particular) e transcendência (o universal). O lugar desde onde a filosofia explica a origem histórica de uma filosofia, não, porém, sua originalidade. Do contrário, não faria sentido lermos os pensadores de outras épocas. Como diz Nietzsche, o verdadeiro filosófico (o livre pensador) fala para os homens do futuro; é extemporâneo;

2º) *Radicalidade:* o pensamento filosófico visa alcançar as causas primeiras (os princípios) – os fundamentos últimos da realidade. Sob esse sentido, ser radical significa tomar as coisas pelas raízes, isto é, ir a fundo, duvidar ou suspeitar das respostas fáceis e consensuais. A aversão à superficialidade é uma característica da filosofia. Significa recusar as explicações mal fundamentadas e destituídas de coerência lógica.

Pensar filosoficamente significa, primeiramente, investir contra nossas próprias crenças e falsas opiniões. A filosofia implica o distanciamento e a superação do senso comum. Ser radical não é, porém, ser inflexível. A radicalidade é um aspecto ou qualidade do pensamento filosófico, ao passo que a inflexibilidade é um defeito que consiste na incapacidade de pensar para além de esquemas predeterminados. Em outros termos, convicção não é o mesmo que intransigência. A convicção decorre da certeza ou da evidência racional, enquanto que a intransigência é fruto da ignorância aliada à presunção. Embora no senso comum possamos encontrar um núcleo de bom senso, não é frequente encontrarmos razões logicamente sustentadas.

Desprovido de fundamentação racional, o senso comum produz um pensamento caótico e desorganizado. Portanto, o filósofo não está afastado do mundo, mas das explicações costumeiras (habituais). Só é filósofo quem decidiu pensar desde os fundamentos – reaprendeu a pensar seu próprio pensamento. Porém, para empreender um recomeço no pensamento é necessário esforço, coragem (determinação) e um método de investigação. Na filosofia não se pode proceder ao acaso, sem um método de pensamento, uma ordem a seguir. Ao contrário, fazer filosofia é estabelecer relações de subordinação lógica entre ideias e argumentos. Nesse sentido, o filósofo distingue *essência* de *aparência,* o *verdadeiro* do *falso,* o *certo* do *errado,* o *bem* do *mal,* o *justo* do *injusto.* Se é preciso ir à raiz dos problemas, é porque precisamos compreender aquilo que se encontra além de nossa percepção imediata. Ou seja, a realidade pode não ser tal qual nos parece ser. A ilusão, assim como os preconceitos e as superstições, constitui sérios obstáculos ao exercício crítico da razão. É necessário, portanto, desfazer-se das falsas ideias, a fim de aprender a pensar filosoficamente. Nesse sentido, o aprendizado da filosofia se traduz nos termos de Platão como conversão do olhar. É preciso voltar o olhar para a direção certa, se não quisermos tomar as sombras (as imagens das coisas) pela realidade, a aparência pela essência;

3º) *Reflexividade:* o pensar filosófico empreende um retorno sobre si mesmo, a fim de examinar a validade de seus critérios e conceitos. A reflexão é o ato pelo qual o pensamento se pensa a si mesmo. Entretanto, é porque estamos acostumados a simplesmente pensar, mas não a pensar o próprio pensamento, que a reflexão filosófica é uma atitude antinatural. Aquele que filosofa deve, portanto, dispor-se a examinar a si mesmo, investigar os pressupostos de seu próprio pensamento, se quiser compreender o alcance e os limites de outros pensamentos. É nesse sentido que se diz que o pensar filosófico é crítico, isto é, capaz de julgar a partir de critérios racionais.

Assim, a *criticidade* é uma consequência lógica da reflexividade do pensamento. Entretanto, porque a filosofia não se alimente de si mesma (de sua história), mas da realidade, o pensamento só se torna reflexivo à medida em que pensamos. Experiência e habilidade de pensamento são necessárias para a elaboração crítica do pensamento. Ou seja, a reflexão é o resultado de um longo esforço de pensamento. Nos termos de Kant, é preciso ousar pensar (arriscar-se). É somente pela interrogação e pelo questionamento que o pensamento é conduzido à reflexão.

Na *meditação* e no *diálogo* é possível o exercício reflexivo do pensamento. Na reflexão, o pensamento ganha abrangência e profundidade. Na medida em que o pensamento se detém sobre si mesmo, é possível reconsiderar o que já foi pensado diante de novas questões, critérios e implicações. Em filosofia, pensar é *re-pensar*, isto é, pensar de novo, recomeçar o trabalho do pensamento. Portanto, refletir é investigar o próprio modo como pensamos. É necessário investigar não só o objeto, mas o método de pensamento.

Desde suas origens gregas, a filosofia se define mais pela busca da verdade (e da certeza) que por sua posse. O sentido original da atitude filosófica diz respeito à instrumentação de nosso pensamento. A razão recusa o que lhe é estranho (alheio) ou imposto. Por isso, não se pode admitir nenhuma ideia que não seja racionalmente justificável (plausível). Uma tese filosófica só é válida se for passível de compreensão e justificação racional. Nesse sentido, pode-se dizer que a racionalidade é a fonte de todo critério de validade do pensamento filosófico.

Embora lance mão de figuras de linguagem, de metáforas e de analogias, o pensar filosófico não se confunde com o pensamento poético ou mítico. Pretender negar esse pressuposto implica incorrer numa contradição lógica.

Assim, quando se pretende questionar a soberania da razão (o uso da linguagem conceitual), é mediante raciocínios (ou conceitos) que fazemos isso. O filósofo não pretende apenas conhecer a realidade, mas o modo como conhecemos a realidade, isto é, as condições de possibilidade de todo conhecimento;

4º) *Inventividade*: existem tantas filosofias quantos são os filósofos. Assim, cada filósofo necessita reinventar a filosofia, recriar uma nova maneira de conceber a filosofia (o pensamento). Por isso, o filósofo é sempre um criador ou inventor de conceitos. A *criatividade* é a expressão maior do pensamento filosófico, a sua marca característica. Embora as ideias filosóficas sejam construídas umas sobre as outras, é a criação de ideias ou conceitos, o seu grau de originalidade que distingue e diferencia um filósofo de outro. Porém, o filósofo não cria a partir do nada. Para ele, a história da filosofia é uma história de escombros a partir da qual constrói seu pensamento.

A relação do filósofo com o passado da filosofia não é de culto ou de veneração, mas de crítica e de recusa. É preciso destruir para poder reconstruir. A reinvenção da filosofia, isto é, de um novo modo de pensar filosoficamente, implica a invenção de novas ferramentas de pensamento. Ora, a ferramenta do filósofo é o conceito, porque é pelo conceito que o pensamento filosófico opera, tem acesso à realidade. O conceito contém uma representação da realidade, cuja função é significar ou compreender as coisas. Ou seja, o pensamento se relaciona com as coisas mediante conceitos. Porém, os filósofos concebem ideias diferentes sobre a mesma coisa.

A *criação filosófica* é comparável, por um lado, à criação artística, dado que é pela liberdade de pensamento que uma ideia tem origem e expressão. Nesse sentido, pensar é transgredir, transpor fronteiras; não há uma regra a seguir. Ao filósofo cabe recriar a própria ideia de filosofia. Porém, enquanto o poeta, por exemplo, visa descrever e expressar sentimentos (seus estados internos), o filósofo propõe ideias, descreve o mundo como ele poderia ser. Se o poeta se apoia na imaginação para expressar seus sentimentos, o filósofo apoia-se, sobretudo, na razão para expressar seus pensamentos.

Por isso, não pode pensar o que é logicamente impossível. Embora o filósofo se sirva da poesia para poder pensar, a filosofia não é, entretanto, poesia, nem o filósofo um poeta. Não é o *estilo literário* (o modo de expressar o pensamento), mas o *estilo filosófico* (o modo de produzir o pensamento) que diferencia um filósofo do outro. Por outro lado, a criação filosófica se aproxima da ciência. Assim como a cientista necessita provar suas hipóteses e teorias mediante experiências, o filósofo necessita provar ou demonstrar suas hipóteses mediante uma experiência de pensamento.

O laboratório do filósofo é o seu próprio pensamento. Assim, enquanto *discurso*, a filosofia é, a um só tempo, produção e expressão do pensamento. Na escrita, o *discurso filosófico* se materializa; é construído segundo a lógica da argumentação; é um discurso racional, porque as ideias são encadeadas segundo a ordem dos conceitos e dos enunciados. Por isso, em sua expressão linguística, o pensamento filosófico não pode infringir nem as regras da sintaxe da gramática nem as regras da sintaxe lógica. Porém, enquanto a gramática dos termos (sintaxe e semântica) permite-nos bem escrever (dizer), é a lógica dos conceitos que nos permite bem pensar.

## 3.4 – CARACTERIZAÇÃO E FORMULAÇÃO TEÓRICA DO PROBLEMA FILOSÓFICO

Para o olhar filosófico, a realidade se apresenta, à primeira vista, opaca e impenetrável; não se deixa apreender num único olhar. É sempre estranha e problemática para o filósofo. Por isso, o real é o que há de mais difícil de ser percebido. Nesse sentido, o filósofo é sempre um estrangeiro em seu próprio país. Filósofo é aquele que se deixa atrair pelo que há de problemático na realidade.

Para fazer filosofia é preciso questionar o que parece ser óbvio, evidente ou natural. É preciso vencer nossa tendência habitual de pensar, o comodismo, a preguiça e a falta de esforço. É a atitude de perplexidade (admiração) que dá origem à filosofia. Filósofo é aquele que vê o mundo como se fosse pela primeira vez. Para ser filósofo, é necessário ter a capacidade de surpreender-se (espantar-se) diante das coisas. Para o filósofo, nada é evidente. Daí dizer que para filosofar é necessário reaprender a pensar; desalienar o próprio pensamento. Se o pensamento do filósofo é atraído pelos problemas, é porque fazer filosofia implica pôr (descobrir ou inventar) problemas.

Portanto, são os problemas que mobilizam (põem em movimento) o pensamento – que nos fazem pensar. Um problema é um obstáculo ou uma barreira à nossa compreensão, um desafio que se apresenta à nossa razão à medida que pensamos e conhecemos. Porém, é o problema que interpela (intriga e instiga) o pensamento à investigação. Ou melhor, é o desejo de compreender (aquilo que permanece incompreendido) que dá origem ao pensamento filosófico. Porém, um problema é filosófico quando não pode ser resolvido (solucionado) empiricamente, mas apenas respondido conceitualmente (ou teoricamente). Não se pode pôr fim aos problemas, apenas respondê-los, porque a filosofia se nutre deles. Os problemas[62] são perguntas que admitem argumentos contrários. Ou seja, é pelas perguntas que formulamos os problemas filosóficos. Movido pelo desejo de saber, o filósofo interroga a realidade, a fim de compreendê-la.

Como se vê, em filosofia tudo é controverso, inclusive o próprio conceito de filosofia. Por isso, toda filosofia não deixa de ser uma tentativa de compreender e de responder a um problema fundamental (ou a um conjunto de problemas). As respostas filosóficas são inesgotáveis, porque os

---

62  ARISTÓTELES. *Tópicos*, I, II, 104b, pp. 12-16.

problemas filosóficos não são passíveis de solução definitiva (não desaparecem). Se não há investigação filosófica sem um problema filosófico, é porque a formulação do problema dá origem à investigação filosófica.

É o problema que convoca o pensamento à investigação. Por isso, toda investigação filosófica é sempre uma resposta a um problema filosófico. É preciso, portanto, formular de modo claro e preciso o problema filosófico (determinar seu alcance e limites) para que a investigação seja possível. Porém, *como formular um problema filosófico?* Como dissemos, um problema filosófico é uma questão que provoca o pensamento, nos desafia e nos faz pensar. É algo que não compreendemos, mas que desejamos compreender e elucidar. Para tanto, é necessário definir regras ou critérios:

– **o** problema filosófico poder ser formulado sob a forma afirmativa (como questão filosófica) ou interrogativa (como pergunta filosófica);

– **t**odo problema filosófico deve ser passível de resposta lógica, de conclusão válida; deve permitir a elaboração de hipóteses (respostas provisórias) que devem ser provadas ou refutadas no decorrer da investigação;

– **o** problema filosófico tem origem na relação entre ideias (conceitos) e a realidade; entre o pensamento e as coisas. Por isso, um problema filosófico não tem origem apenas empírica, mas conceitual.

A origem da filosofia está, do ponto de vista teórico, circunscrita à relação entre *ser* e *pensar* e, do ponto de vista prático, à relação entre *pensar* e *agir*. Desde suas origens, a filosofia é definida como amor ou busca pelo saber. O que move o pensamento filosófico é o *desejo de saber*. Nesse sentido, a pergunta é o ato que dá origem ao pensamento filosófico. Ou seja, perguntar é transpor a distância que existe entre ser e pensar e entre pensar e agir.

Na pergunta, o ser se dá como problema (objeto) para o pensamento; o que estava distante, torna-se próximo e familiar. Pensar é compreender, apreender o ser pelo pensamento. É porque o ser não é, à primeira vista, transparente, mas opaco ao pensamento que filosofamos. A perplexidade (o assombro) diante da realidade. As coisas não são como parecem ser. Ao mesmo tempo em que há uma identidade, existe uma diferença entre ser e pensar; do contrário, o ser seria impensável (não poderia ser objeto do pensamento).

Assim, o problema filosófico surge à medida que o pensamento se deixa interpelar pelo ser. Dir-se-á que se existem problemas filosóficos, é porque existem aspectos da realidade que não podem ser empiricamente tratados ou abarcados. A natureza dos problemas filosóficos é conceitual (empiricamente inverificável), enquanto que a natureza dos problemas científicos é factual (empiricamente verificável).

A filosofia busca *razões*, ao passo que a ciência[63] busca as *causas* explicativas dos fenômenos.

Daí dizer que as teses ou teorias filosóficas não podem ser comprovadas (verificadas) nem refutadas experimentalmente. Por isso, o avanço da ciência não pode pôr fim aos problemas filosóficos, porque tais problemas são de outra espécie ou natureza. Ou seja, o progresso científico não acarreta o desaparecimento (a supressão) da filosofia. Ao contrário, a ciência suscita novos problemas filosóficos, o que significa dizer que a filosofia não pode ser substituída nem superada pela ciência.

As proposições filosóficas possuem um caráter lógico (racional), isto é, se apoiam sobre argumentos, cuja função é provar ou sustentar uma tese. Se o filósofo opera (diretamente) com ideias e princípios, e não a partir de fatos, daí não se segue que o filósofo é alheio ou distante da realidade ou que o pensamento filosófico carece de rigor e de força demonstrativa.

Interessa ao filósofo explicitar os pressupostos, os princípios, os conceitos e as implicações que se encontram implícitos em todo pensamento que deseja conhecer. Ao invés de descrever e explicar a realidade, o filósofo pergunta: *o que é a realidade?* Ao invés de perguntar se algo existe, o filósofo quer saber: *o que é existir?* Ao invés de perguntar desde quando o homem existe, o filósofo indaga: *por que existimos? O que confere sentido à existência humana?* Formulado sob a forma interrogativa, o problema filosófico visa expor a diferença entre realidade e ilusão, conhecimento e ignorância.

Ora, se a conversão do tema (objeto ou questão) em problema dá início à investigação filosófica, a proposição de uma tese filosófica dá origem a uma filosofia. O tema ordena (diz

---

63  Referimo-nos aqui às ciências naturais, as quais têm na explicação causal o seu fundamento metodológico.

ou determina) sobre o que se deve pensar ou investigar, mas é a tese (aquilo que se diz) que confere dignidade (e mérito) ao filósofo, porque resulta da liberdade (e da criatividade) de seu pensamento. Ou seja, a tese é a prescrição de uma nova ordem – imposta pelo filósofo sobre o tema proposto. Enquanto o problema filosófico aparece (quase sempre) sob a forma interrogativa, a tese filosófica aparece sob a forma afirmativa.[64] O pensar filosófico transita entre a interrogação e a afirmação, uma vez que existem graus intermediários entre a ignorância (ausência de saber) e a certeza (saber) – a opinião (o falso saber) e a dúvida (o saber incerto).

Com efeito, se toda filosofia expressa sua época (é filha de seu tempo), disso não se segue que uma época possa exprimir (e explicar) uma determinada filosofia. Ou seja, se é possível dizer que a filosofia não pode explicar-se a si mesma, daí não se segue que é a história que explica a filosofia. O contexto de época atua como condição (meio) e não como causa na filosofia. Ou melhor, o que há de histórico na filosofia são as *condições* sob as quais o filósofo concebe a sua filosofia.

A filosofia tem seu começo (surgimento ou início) na história, mas nem tudo que é filosófico é originado ou derivado da história. A filosofia não é uma manifestação das contingências históricas; ao contrário, o pensamento filosófico[65] pretende impor-se sobre todos os tempos históricos, não é redutível à sua própria época. Por isso, a validade de uma filosofia não deixa de existir quando o filósofo morre, nem quando sua época termina. A relação entre história e filosofia não é de causa e efeito. É a ação de fatores de

---

64 Até entre os céticos é possível verificar a existência de proposições filosóficas, ainda que negativas.
65 É por isso que se diz que o filósofo é alguém que pensa adiante de seu tempo. "Cada vez mais quer me parecer que o filósofo, sendo *por necessidade* um homem do amanhã e do depois de amanhã, sempre se achou e *teve* de se achar em contradição com o seu hoje: seu inimigo sempre foi o ideal de hoje" (NIETZSCHE, 1992, §212).

diferentes ordens que permite compreender a ocorrência de uma filosofia. Porém, a relação entre os *fatos* (acontecimentos) históricos e as *ideias* filosóficas não é de causalidade mecânica, mas de condicionalidade (influência) mútua.

Embora todo problema filosófico esteja em relação direta com uma determinada época histórica, não é a época histórica capaz de formulá-lo. É tarefa própria do filósofo pensar aquilo que permanece impensado (não problematizado) pelas ciências, pelas artes e pela religião; trazer à consciência (explicitar) aquelas questões que tornam possível compreender (conhecer) a realidade e o sentido das ações do homem no mundo. Ora, tal tarefa só é possível porque o filósofo deve pensar não só a partir de seu tempo, mas contra (e para além do seu tempo) – em oposição ao pensamento vigente. Do ponto de vista prático, o referente do discurso filosófico é tanto o instituído (a realidade dada) quanto a realidade possível (instituinte).

Em questões éticas, políticas e estéticas, o filósofo concebe a realidade atual em confronto com a realidade possível; projeta e descreve uma realidade inexistente, mas passível de existência. Nesse domínio, é a relação entre *ser* e *dever-ser* que constitui o pensamento filosófico. Por isso, é o inconformismo e a insubordinação que constituem os traços característicos do pensamento filosófico. Ou seja, o filósofo não pode se deixar determinar nem pelo pensamento dominante nem pelo poder estabelecido. Assim, o tempo presente é o tempo da gestação do pensamento, mas não o tempo de sua duração. A resistência crítica contra todos os sistemas de pensamento, isto é, a recusa em pensar a realidade presente a partir de esquemas conceituais prontos traduz o caráter subversivo e transgressor do pensar filosófico.

Porém, do ponto de vista do conhecimento, o referente da enunciação filosófica diz respeito à realidade atual, àquilo que existe. Contudo, o filósofo sabe que existe uma diferença entre opinião (subjetiva) e ideia (objetiva), entre a verdade e a falsidade das proposições. Os juízos epistêmicos não dizem respeito apenas à relação entre *ser* (o que existe) e *não ser* (o que não existe), mas à relação entre *ser* e *dever-ser* (o que deveria existir); não só entre realidade e aparência, mas entre pensar e agir (o que devemos fazer).

Não é possível separar os juízos de fatos dos juízos de valor. Nesse sentido, a ideia é não só um objeto do pensamento, mas uma representação mental (imagem conceitual) de um objeto no mundo. A busca do conhecimento implica o combate, a um só tempo, à ignorância (que é ausência de saber) e à ilusão (que é o falso saber). Para tanto, o filósofo deve ser capaz de pensar não só a realidade exterior, mas de pensar o próprio pensamento, a fim de remover os obstáculos que impedem a busca da verdade. Corrigir-se ou retratar-se (palinódia) é, desde Sócrates, uma prática recorrente na filosofia.

## 3.5 – O PLANO REDACIONAL: A ESTRUTURA DA DISSERTAÇÃO FILOSÓFICA

Diferentemente do *projeto de pesquisa* (que é elaborado sem uma compreensão aprofundada do objeto a ser investigado), a elaboração do *plano redacional* (do sumário) requer uma compreensão prévia do objeto a ser investigado. Embora necessário, o plano redacional tem, entretanto, um caráter provisório (serve de guia ou de diretriz), pode sofrer mudanças ou alterações no decorrer da investigação. É sua função descrever a estrutura redacional do texto – uma ordem a seguir.

A dissertação filosófica não é um exercício aleatório de pensamento, mas um trabalho orientado por um objetivo – visa propor, sustentar ou defender uma tese. É o plano redacional, isto é, a ação estratégica que permite conduzir o pensamento de forma ordenada e progressiva. Traçar um plano significa possuir, de antemão, conhecimento do problema, de seus pressupostos (conceitos/argumentos) e implicações. Ou seja, antes de pôr-se a escrever, é necessário traçar um percurso que permite saber de onde partir e para aonde ir.

Como se vê, a tarefa de escrever requer um plano, cuja função é dupla:

> a) *Metodológica:* serve de guia ou de roteiro a seguir (a ser percorrido); define o itinerário do pensamento. Embora seja possível dizer que "o caminho se faz caminhando", não deixa de ser útil para quem escreve, traçar ou projetar o próprio caminho. A posse de um plano garante maior eficácia ao trabalho de redação, visto que evita a dispersão do pensamento e o dispêndio de esforço intelectual. Ou seja, o plano redacional deve funcionar como um *mapa*. Porém, não se deve confundir o mapa com o território, o plano redacional com a redação (dissertação).
> A busca pelo conhecimento resulta da investigação – que é o percurso (o *dis-curso*) do pensamento. Um plano define uma perspectiva – uma abordagem do problema filosófico. Assim como existem muitos caminhos que conduzem ao mesmo lugar (destino), existem múltiplas possibilidades de tratar (e responder) ao mesmo problema filosófico. Ora, assim como nem sempre os caminhos mais curtos são os mais fáceis de serem percorridos, no tratamento dos problemas filosóficos, as respostas mais simples nem sempre são as mais convincentes;
>
> b) *Lógica e epistemológica:* ora, se a função metodológica define uma orientação (direção) ao pensamento, a função lógica (e epistemológica) define as etapas de produção ou de elaboração do pensamento. O texto filosófico é sempre uma obra em construção, por isso, resulta necessário estabelecer os pilares de sustentação do pensamento. Nesse sentido, os *objetivos específicos* do projeto de pesquisa funcionam como

tópicos da dissertação filosófica. A sequência dos capítulos (partes) e seções deve sugerir uma ordem lógica, a fim de possibilitar e assegurar a validade dos argumentos.

O texto filosófico é construído segundo o princípio de organização hierárquica. Desse modo, cada etapa é condição para a seguinte. Ora, se cada etapa pressupõe a etapa anterior, então o plano redacional deve definir e distinguir as *ideias-eixo* das *ideias secundárias*. Redigir será, nesse sentido, o ato pelo qual se determina o funcionamento interno do texto, o que implica evidenciar as relações de dependência (e de subordinação) entre as ideias e os enunciados do texto.

### 3.5.1 – A FUNÇÃO DA INTRODUÇÃO

Na redação da Introdução não há coincidência entre a *ordem lógica* do texto com a *ordem cronológica*. Se, do ponto de vista temporal, a redação da Introdução é posterior à redação das outras partes do texto, do ponto de vista lógico, porém, a Introdução precede todas as outras partes, porque contém, de alguma maneira, não só os elementos essenciais do texto, mas os motivos e as razões que o tornam pertinente, relevante e atual para o debate filosófico atual.

Embora seja a última parte a ser escrita, a Introdução cumpre relevante função no texto. É função da Introdução apresentar e circunscrever o problema a ser tratado, suscitar o interesse do leitor, conduzi-lo para o interior da problemática apresentada, a fim de instigá-lo a pensar sobre aquilo que o autor foi levado a pensar. Para tanto, é necessário contextualizar (do ponto de vista histórico e teórico) o objeto de estudo (o tema e o problema); enunciar a hipótese, a tese ou a ideia central, o procedimento metodológico de abordagem do problema, descrever o objetivo (a finalidade) da investigação diante sua pertinência, atualidade ou relevância filosóficas. É sua função expor o plano de trabalho (suas partes constitutivas). Por isso, é dispensável toda e qualquer citação textual,[66] visto que é a apresentação pessoal do problema investigado pelo autor. Desse modo, a Introdução deve conter uma versão abreviada (em miniatura) do corpo do texto. Embora redigida com o propósito de evidenciar a relevância do problema a ser tratado, o autor não pode trair as expectativas do leitor, prometer o que não pretende realizar.

Do ponto de vista redacional, a Introdução deve ser breve e sucinta, evitando excessos retóricos ou de erudição filosófica. Brevidade e concisão são seus traços característicos. Introduzir (*in+ducere*) significa conduzir para dentro, atrair a atenção ou suscitar o interesse do leitor. Nesse sentido, as conjunções (porque, visto que, desde que, dado que, uma vez que) funcionam como indicadores lógicos (e gramaticais) das premissas de um raciocínio.

### 3.5.2 – AS FERRAMENTAS FILOSÓFICAS: CONCEITOS, PROBLEMAS E ARGUMENTOS

A construção do texto filosófico implica o domínio do pensamento abstrato, a habilidade de pensar de acordo com as ferramentas lógicas. Se o que está em causa na produção de uma obra filosófica é o procedimento de validação ou de sustentação da tese, então, todos os demais elementos lógicos e linguísticos estão subordinados a esse fim. Ora, todo texto é, por definição, um *continuum* – contém uma sequência discursiva, o que implica uma organicidade entre suas partes componentes; é constituído por um movimento progressivo e ordenado do pensamento, isto

---

[66] Convém, entretanto, excetuar as Introduções de teses ou de publicações críticas, nas quais a complexidade temática demanda para fins acadêmicos, a referenciação de fontes ou de autores, a fim de situar teoricamente o leitor na problemática abordada.

é, contém uma unidade de sentido. Por isso, as subdivisões do texto (seções, títulos, subtítulos, itens e subitens) só são compreensíveis em vista do todo; cada parte do texto constitui um nexo lógico com a anterior. Assim, a estrutura textual revela-se como uma totalidade orgânica entre suas partes (seus elementos constituintes) – o que implica a existência de relações de dependência (subordinação) e de progressão lógica do pensamento.

É na paragrafação que o autor expõe os movimentos de pensamento e seus respectivos argumentos. Assim, palavras ou frases soltas (sem nexo lógico-gramatical) não configuram um texto. O conceito de texto implica a formação e o desenvolvimento do pensamento no espaço lógico que se materializa no suporte da escrita. *Unidade, continuidade* e *progressividade* caracterizam a estrutura formal de um texto dissertativo-argumentativo. Portanto, as transições – as articulações de pensamento só são possíveis mediante os recursos de coesão e de coerência do texto.

Enquanto a coesão textual é assegurada pela estrutura sintática e gramatical, a coerência textual é garantida pela estrutura lógico-conceitual. A unidade textual resulta da relação do todo com as partes e vice-versa. Na redação do texto filosófico, o que se pretende é *demonstrar, sustentar* e *defender* uma ideia ou uma tese. No que se segue, trataremos dos elementos textuais e estruturantes da dissertação filosófica, a fim de compreender seus traços característicos.

O filósofo se serve da língua natural para construir seu discurso e expressar seu pensamento. Por vezes, os filósofos empregam os mesmos termos (palavras) para demonstrar suas teses, mas não os mesmos conceitos. O que distingue os filósofos entre si (e seus discursos) não são os termos de que lançam mão, mas os conceitos que emprestam aos termos. Assim, quando os filósofos estão reunidos em torno de uma questão, disso não decorre que eles estejam unidos (compartilham o mesmo pensamento), ou que haja concordância entre eles. Podem falar a mesma língua, mas não pensam ou concebem do mesmo modo a mesma coisa. Via de regra, os filósofos sequer concordam entre si sobre o que é a filosofia. Ou seja, o filósofo é um inventor de ideias, introduz novos conceitos, inaugura um novo pensamento.

Todo filósofo estabelece uma nova gramática conceitual que rege o funcionamento lógico (o repertório) de seu pensamento. Pensar filosoficamente implica vislumbrar novas possibilidades de pensamento, novas interpretações da realidade, o que implica reinventar os instrumentos do pensamento (ideias, problemas e argumentos).

### 3.5.2.1 – EXPLICAÇÃO DE TERMOS E CONCEITOS FILOSÓFICOS

Se quisermos compreender os pensamentos dos filósofos, necessitamos conhecer a terminologia, os termos técnicos utilizados por eles. Note-se que os filósofos instituem novos termos e novos conceitos, inauguram um novo modo de pensar o que já foi pensado, a fim de poder comunicar o seu pensamento. Assim, toda filosofia é o desenvolvimento de conceitos que se opõem, não somente ao pensamento do homem comum, mas ao pensamento de outros filósofos. O pensamento filosófico surge em oposição ao pensamento vigente (dominante); implica a redefinição (ou a invenção) de termos e conceitos, que são a matéria-prima do pensamento.

Compreender um filósofo é conhecer o sentido (o significado) sob o qual um termo é usado, ao passo que compreender a história da filosofia é compreender as diferentes acepções de um termo ou conceito. Por isso, cabe ao leitor identificar os conceitos operativos a partir dos quais o pensamento se desdobra e se desloca no interior do texto. Ou seja, é tarefa do leitor explicitar o que está implícito, revelar o que está velado (oculto) no texto. O texto filosófico não é uma justaposição (um amontoado) de palavras, nem uma sucessão desordenada de ideias ou conceitos. Ao contrário, é fruto de um encadeamento lógico do pensamento, que implica determinar relações de coordenação e de subordinação entre as ideias e as proposições.

Escrever é mover o pensamento segundo uma ordem lógica de progressão, que vai das premissas às conclusões. É porque o filósofo pretende pensar de modo mais rigoroso (consistente, coerente e consequente) que a filosofia marca uma ruptura com o modo habitual de pensar. Se a filosofia é o desejo de compreender o que permanece incompreendido no pensamento, é porque existem questões para as quais não existem respostas fáceis e definitivas. Na origem do pensamento filosófico encontra-se pressuposta a ideia de que é possível pensar não apenas de modo diferente, mas melhor (de modo mais preciso ou rigoroso) o que é comumente pensado de forma superficial, obscura e confusa.

Para Sócrates e Platão,[67] as opiniões (*doxa*) não podem constituir o objeto do pensamento filosófico. O filósofo opera com o pensamento racional (ideias ou conceitos) e não com opiniões (sensações). Porque resultam da experiência de nossos sentidos, as opiniões não têm alcance universal (não são intercambiáveis). Ou seja, somente as ideias, porque são conhecidas ou apreendidas pela razão (*logos*), são passíveis de assentimento racional. Assim, o problema que queremos compreender poderia ser compreendido por todos os seres racionais. Por isso, é dever do filósofo não só

---

67 Veja, por exemplo, o livro VII da *A República*, onde Platão descreve o processo de formação do filósofo enquanto ascensão da alma em direção ao mundo inteligível. O mundo sensível é ilusório, por isso, o filósofo deve afastar-se da influência dos sentidos.

expor seu pensamento, mas explicar (definir e descrever) o sentido de seus termos. Ou seja, o filósofo pretende convencer seus leitores, buscar o seu assentimento.

A leitura dos textos filosóficos revela justamente a existência deste fato: os filósofos são criadores de ideias (conceitos), introduzem novos significados para termos conhecidos. A linguagem filosófica não é necessariamente a linguagem natural (corrente). Por isso, se quisermos adentrar ao pensamento dos filósofos, é necessário conhecer a gramática e a lógica de seus conceitos. Porém, nem sempre os filósofos são tão explícitos no uso conceitual de seus termos. Nesse sentido, é imprescindível o uso de dicionários especializados, a fim de poder conhecer o léxico que constitui o eixo ou o cerne do pensamento de um filósofo.

Diferentemente do cientista, o filósofo não pensa a realidade a partir de fatos (ou dados); seu pensamento não está circunscrito ou limitado pela realidade existente; ao contrário, concebe uma realidade possível a partir do aparato conceitual de seu próprio pensamento. De igual modo, seu pensamento difere do pensamento dos poetas, que criam ou inventam mundos imaginários. O referente dos enunciados filosóficos não é necessariamente o que existe, mas o que pode(ria) existir. Enquanto a poesia e o romance produzem ficções, o pensamento filosófico produz utopias. Determinado pela lógica da (não) contradição, o pensamento filosófico pretende não só dizer a verdade (mostrar a correspondência ou relação entre *ser* e *pensar*, entre palavras e coisas), mas demonstrar a validade de seu pensamento. Nesse sentido, pensar é impor condições e limites ao próprio pensamento. Ou seja, o pensamento filosófico é autonormativo, extrai de si mesmo seus critérios e suas regras de produção.

Ora, a escrita porque confere autonomia ao texto, torna ainda mais necessária a tarefa de explicação dos termos, conceitos e expressões filosóficas. Não se trata, contudo, de proceder à explicação de todos os termos empregados (o que seria uma tarefa inviável), mas de deter-se sobre o uso filosófico dos termos. É imprescindível que o autor defina ao longo de seu texto os significados dos termos e conceitos que utiliza. Incapaz de se defender na ausência de seu autor, o texto escrito ficaria vulnerável, sujeito à distorção e à incompreensão, caso o autor não seja suficientemente claro e preciso ao definir seus termos. A clareza (precisão) é um fruto maduro do pensamento. Ou seja, clareza e distinção são a cortesia da filosofia. Porém, na linguagem escrita, a ambiguidade (o duplo sentido) pode ensejar tanto uma possibilidade quanto uma dificuldade interpretativa.

Por isso, para o filósofo, a explicação de seus próprios conceitos funciona como um mecanismo de autodefesa, visto que existem termos cujo uso e significado (conceito) não são filosóficos, ou termos que possuem significados filosóficos diferentes no pensamento dos filósofos. Nesse sentido, poder-se-ia dizer que todo texto filosófico é autoexplicativo, porque é próprio do filósofo explicar *(ex + plicare)* ou desdobrar o seu pensamento (dar a entender). Porém, a explicação dos conceitos filosóficos não se dá imediatamente nem de modo completo num único ato ou numa única incursão do pensamento. Só é possível compreendê-los à medida que se pensa. É muito provável que os próprios filósofos não tivessem total e completa compreensão de seus pensamentos antes de tê-los produzido por escrito. Assim, escrever é explicar o pensamento à medida que pensamos, o que implica seguir a sintaxe das palavras e a lógica ou gramática dos conceitos.

Todavia, um conceito filosófico é gestado a partir de um pensamento. Ou seja, uma ideia filosófica não é fruto de uma descoberta fortuita (acidental), mas o resultado de um longo processo de gestação, desenvolvimento e maturação – que se dá na reflexão e no exercício crítico e criativo do pensamento. Portanto, por mais obscura e abstrusa que possa parecer uma filosofia, o filósofo instaura uma nova ordem lógica em seu pensamento. Contudo, o filósofo não tem por propósito facilitar (ou poupar) o trabalho do pensamento do leitor. Ao contrário, pretende demonstrar que seu texto (sua obra) constitui um original e rigoroso exercício de pensamento. Por isso, cabe ao leitor descobrir a chave de interpretação do texto, a fim de poder compreender o pensamento do filósofo.

Na *explicação*, os conceitos filosóficos operam como instrumentos de compreensão, porque constituem a unidade mínima – a matéria-prima do pensamento. Pensar é relacionar ideias; estabelecer ou perceber a relação que existe entre elas. Nesse sentido, pode-se dizer que os *conceitos filosóficos* possuem duas características fundamentais: são *problemáticos* (interpelativos), porque engendram problemas, suscitam ou provocam o pensamento; nos fazem pensar. São *controversos*, porque são discutíveis; não geram consenso, ao contrário, contêm diferentes (e divergentes) possibilidades interpretativas.

Note-se que os conceitos não se caracterizam apenas pela compreensão (significado ou definição), mas pela extensão (se aplicam a diferentes objetos ou coisas). Assim, a explicação de conceitos filosóficos deve considerar dois momentos distintos: a *exemplificação* e a *conceituação*. Ora, o uso de exemplos ou de ilustrações tem a função de verificar, mostrar ou tornar possível (sensível) uma ideia filosófica. Como dissemos, se os filósofos empregam os mesmos termos em seus discursos, não é necessariamente o mesmo significado (conceito) que empresta a seus termos. O que caracteriza a filosofia é menos a capacidade de criar novos termos que a capacidade de criar novos conceitos.

É possível, nesse sentido, empregar termos conhecidos com novos significados. Entretanto, a compreensão do significado de cada termo só é possível no decurso de uma investigação filosófica. Por isso, pretender começar a filosofar pela definição terminológica é começar pelo fim. A definição não é o ato inaugural do pensamento filosófico, mas a pergunta. É só ao final de um processo investigativo que é possível estabelecer (definir) de modo claro e preciso os significados dos termos. A compreensão de um conceito implica a compreensão de uma filosofia. Nesse sentido, aprender a escrever bem é aprender a pensar bem e vice-versa.

Contudo, no exercício do pensamento filosófico, o exemplo é insuficiente;[68] não substitui a explicação, que é um processo que vai do particular (concreto) para o universal (abstrato). Conforme vimos, o pensamento filosófico não se deixa limitar ou regular pela realidade atual. A filosofia aponta não só para o que existe, mas para o que poderia existir. Assim, se o filósofo se serve de exemplos para ilustrar seu pensamento, é para mostrar que sua filosofia não está descolada ou distante da realidade dada (sensível). Ou seja, *explicar* e *exemplificar* embora sejam termos correlacionáveis, não são equivalentes.

A *conceituação* (ou abstração) denota o momento em que o pensamento filosófico consolida-se (constitui-se a si mesmo). É a elaboração teórica e conceitual da filosofia. Ou seja, o conceito é aquilo pelo qual o pensamento se determina (e se universaliza). O particular, isto é, o exemplo não pode conter o universal (o conceito), por isso, toda filosofia contém um potencial crítico, a capacidade de transcender seu tempo. Ou seja, porque pensamos mediante conceitos, os problemas filosóficos são, em essência, problemas conceituais.

Porém, a compreensão dos problemas filosóficos não repousa sobre os conceitos largamente aceitos (sobre os quais há um consenso), mas sobre aqueles que são largamente

---

68 FOLSCHEID, D.; WUNENBURGER, J.-J. *Metodologia filosófica*, 2002, pp. 189-190.

discutíveis ou controversos (sobre os quais não há consenso possível). Não se pode explicar (ou definir) um conceito filosófico sem filosofar. Seria o mesmo que pretender começar pelo fim. É no exercício da filosofia (na reflexão do pensamento) que se pode compreender os *conceitos* enquanto unidades mínimas de significado. A compreensão dos conceitos filosóficos requer a compreensão da filosofia de um filósofo. A parte pressupõe o todo, assim como o todo pressupõe a parte. Ou seja, os problemas filosóficos têm uma natureza conceitual, porque resultam da possibilidade de concebê-los diversamente, isto é, de compreendê-los diferentemente a partir de pressupostos diferentes. Assim, é sempre possível pensar de modo diferente a mesma questão filosófica, o que implica dizer que os problemas filosóficos são abertos (insolúveis ou permanentes), passíveis apenas de respostas.

A explicação é o ato pelo qual o pensamento é explicitado (exposto ou desdobrado), o que pressupõe a compreensão e o domínio de diferentes habilidades de pensamento, cuja função é esclarecer, tornar explícito aquilo que se encontra implícito numa ideia. Enquanto aptidão intelectual, a explicação implica as seguintes operações de pensamento: *conceituar* (definir), *compreender, analisar* e *sintetizar* (relacionar). O ato de explicar implica ou mobiliza diferentes operações de pensamento, a fim de ser possível dar a compreender algo a alguém. Pela análise conceitual, é possível clarificar aquilo que é obscuro, tornar simples o que é complexo.

Nesse sentido, explicar é dar a entender (produzir compreensão). O ato de explicar e o ato de compreender são recíprocos; só posso explicar o que foi compreendido e vice-versa. Porém, no mesmo indivíduo, o ato de compreender pode exceder o ato de explicar. Ou seja, posso compreender algo sem ser capaz de explicá-lo. Por exemplo, posso não saber explicar o conceito de liberdade em Kant, embora possa tê-lo compreendido.

Assim, explicar uma ideia é esclarecer ou tornar inteligível seu significado. Porém, na explicação[69] de um fato é necessário dizer não só o que ocorreu, mas por que algo ocorreu. Se a dissertação filosófica não lança mão da explicação causal (entre fatos), é porque o filósofo pensa a partir de princípios e conceitos; não opera a partir de dados, mas de ideias. Por isso, na explicação do conceito de *lei moral* em Kant, é necessário distinguir o imperativo hipotético do imperativo categórico. A lei moral confunde-se com a autonomia moral (autoimposição de regras); ou seja, ser livre é obedecer a si mesmo, porque só somos livres quanto obedecemos a própria razão.

### 3.5.2.2 – A ARGUMENTAÇÃO FILOSÓFICA

O argumento é a arma de combate e de defesa do filósofo; por isso, é um instrumento de prova ou de demonstração em filosofia. A proposição de uma tese está vinculada a conceitos, problemas e argumentos. A construção argumentativa que dá sustentação à tese é o procedimento pelo qual o filósofo pode dizer o que pensa, expor ou propor ideias. Porém, diferentemente do argumento científico, o argumento filosófico não tem base empírica, não pode ser refutado nem confirmado por meio da experiência sensível. O pensamento filosófico encontra na experiência sensível exemplos, mas não a sua explicação (consumação).

A realidade dada (imediata) não pode esgotar o potencial crítico (emancipatório) de uma filosofia. Porque é intemporal, o pensamento filosófico transcende as condições empíricas; projeta-se para além de seu tempo. Se o cientista pensa o presente enquanto manifestação particular da

---

[69] Nas ciências ou na investigação científica, o que se pretende é explicar fatos ou fenômenos, demonstrar como e porque ocorrem. Na filosofia, o que se busca é a compreensão da realidade, o sentido que é inacessível ou inescrutável ao olhar do cientista.

realidade, o filósofo pensa o presente enquanto expressão universal do real. Por isso, o filósofo não está situado fora da história, mas em suas entranhas. Contudo, o filósofo resiste em confundir-se com a história; ou seja, a história não pode abrigar (abarcar) totalmente uma filosofia.

Portanto, toda afirmação e negação em filosofia devem estar assentadas sobre um argumento racional, que é uma sequência logicamente ordenada de proposições (enunciados), cujo objetivo é convencer ou demonstrar uma tese. Ordenar o pensamento é, sobretudo, uma tarefa lógica, porque implica estabelecer os pressupostos, a fim de poder extrair consequências. O argumento trata da relação lógica entre premissas e conclusão. Ou seja, argumentar é apresentar razões (motivos) para justificar ou convencer alguém acerca da validade (ou invalidade) de um modo de pensar e agir. É encadear ideias com o objetivo de justificar (demonstrar a validade de) um pensamento ou uma ação. Se a filosofia não tem necessidade de comprovar (verificar) empiricamente suas teses, ela tem, entretanto, necessidade de demonstrar racionalmente suas ideias, teses ou teorias. Nesse sentido, é preciso pensar com rigor e com coerência.

Se, para alguns filósofos (Aristóteles, Descartes, Kant, entre outros) o pensamento filosófico não suporta a contradição, uma vez que se constitui numa autorrefutação, para outros filósofos (Platão, Hegel, Marx, entre outros) o pensamento filosófico se nutre e é impelido pela contradição. Entre pensar e ser existe, portanto, identidade e contradição. Enquanto para os analíticos, a *coerência* diz respeito à função lógica dos conceitos, daí porque a incoerência (contradição) torna insustentável (indefensável) um pensamento (uma tese), para os dialéticos, a coerência diz respeito ao método de investigação (à presença da contradição), dado que o pensamento[70] ou a realidade estão sempre em devir.

Assim, a estrutura de um argumento apresenta dois elementos lógicos essenciais: as *premissas* (os pressupostos) – aquilo que serve de justificativa para uma tese; a *conclusão* – aquilo que se pretende justificar ou defender. Em filosofia, os argumentos pretendem-se válidos e verdadeiros. Entretanto, disso não decorre que os argumentos são válidos e verdadeiros. Portanto, além da estrutura lógica do pensamento, é necessário conhecer os falsos argumentos, aqueles que têm a aparência de verdadeiros (as falácias), a fim de evitar as armadilhas dos falsos raciocínios que se apresentam travestidos de verdadeiros.

Fazer filosofia é ser capaz de avaliar ou de julgar criticamente os argumentos próprios e alheios. A avaliação (a crítica) pertence à essência do ato filosófico. Um argumento só é válido quando é possível estabelecer uma *relação de inferência* entre as proposições (premissas e conclusões). Por isso, a solidez dos argumentos depende tanto da *verdade* (do conteúdo das premissas) quanto da *validade* (da relação lógica entre as proposições). É na relação entre forma e conteúdo que encontramos o fundamento de um argumento. A validade (a forma) sem a verdade (conteúdo) e vice-versa, é condição necessária, mas não suficiente para bem argumentar. Nesse sentido, os argumentos filosóficos podem ser, basicamente, os seguintes:

    1º) o *argumento dedutivo (demonstrativo)*: denominado de *demonstração* lógica ou racional, tal argumento procede

---

70  Para Platão, a verdadeira realidade (o mundo das Ideias) é estática, imóvel, ao passo que o pensamento é móvel, dinâmico. Já Hegel e Marx, afirmam que o pensamento e a realidade são dinâmicos, porém, enquanto Hegel afirma a possibilidade da conciliação (a síntese) entre ser e pensar no Estado burguês, Marx postula a conciliação (o fim da negação) na edificação da sociedade comunista.

analiticamente, extrai o particular do universal; parte de premissas (proposições) evidentes; visa estabelecer inferências ou conclusões necessárias e universais. Os argumentos desse tipo são inequívocos e conclusivos. Nesse caso, as conclusões derivam logicamente das premissas, por isso, não permitem contradição. Estabelece uma relação de implicação ou de inferência entre as proposições. Tal argumento tem como características, a *coerência, a consistência e a consequência* lógicas. As proposições desse argumento são verdadeiras ou falsas (visam estabelecer juízos de realidade). É utilizado na demonstração de problemas teóricos, dado que não comportam divergência de resultados quando se parte dos mesmos pressupostos. Por exemplo, no raciocínio matemático, 2 + 2 = 4. Ou ainda, Todo homem é mortal; ora, Sócrates é homem; logo, Sócrates é mortal. É necessário, nesse sentido, perceber a *necessidade lógica* – que é a relação necessária entre proposições, cuja negação produz uma contradição, que é o ato pelo qual se afirma e se nega o mesmo predicado ao mesmo sujeito. Ora, a relação lógica define uma *impossibilidade lógica,* ou seja, dadas certas premissas, é impossível pensar de outra maneira;

2º) O *argumento indutivo:* é o argumento pelo qual é possível estabelecer conclusões gerais a partir de casos ou de observações particulares. Embora seja um tipo de raciocínio característico da ciência de base empírica, na filosofia é possível proceder desse modo, desde que admitamos que os sentidos são a fonte do conhecimento. Ou seja, o empirismo parte do pressuposto de que a razão é uma tábula rasa e opera a partir dos dados recolhidos dos sentidos. Aristóteles acreditava que a indução fornece as premissas de um raciocínio dedutivo. Para Bacon, somente o método indutivo poderia nutrir a razão e fazer a ciência ou o conhecimento progredir. Porém, para alguns teóricos (como, por exemplo, Hume), a relação de causa-efeito não é um raciocínio indutivo, mas um hábito; não é fruto da razão e sim da ação da imaginação a partir de experiências passadas. Não há nexo lógico entre uma causa e um efeito. Fora da matemática não existem verdades, mas probabilidades.

Assim, todo conhecimento das ciências experimentais é provável. Para Popper, o raciocínio indutivo não nos permite estabelecer conclusões lógicas válidas, uma vez que se pretende afirmar a partir da observação particular algo geral ou universal, o que é logicamente impossível. Embora possamos aumentar indefinidamente o número de observações, não se pode alcançar o universal pelo particular, ou seja, pela experiência (ou pelo experimento). Por isso, Popper preconiza no lugar do verificacionismo o falsificacionismo. Ou seja, se a ciência não pode provar ou corroborar uma teoria (mediante experimentos particulares), ela pode, entretanto, refutar ou falsificar pela experiência uma teoria;

3º) O *argumento dialético:* é o argumento fundado sobre a controvérsia (a diferença de concepções e de posições) dos interlocutores; realiza-se na discussão e no confronto de posições, cujo objetivo é encontrar a melhor resposta para um problema. O argumento dialético estabelece *possibilidades lógicas*, modos coerentes de pensar, onde não há contradição interna. Diz respeito ao uso prático da razão; é o *dis-curso* do pensamento; estabelece conclusões possíveis, porque trata do que é *preferível*. É um argumento que leva em conta o contexto dos interlocutores. É utilizado em problemas práticos (que implicam escolher, deliberar, decidir), quando o pensamento está ligado à ação, por exemplo, na política, ética, estética e direito. Concerne à moralidade, à legalidade, à utilidade, à oportunidade e às crenças. Por exemplo, a beleza está naquele que vê um objeto de arte ou no objeto que é visto? Justiça é dar a cada um o que é seu? O mal existe? O trabalho dignifica o homem? A máquina vai substituir o homem? Visa estabelecer acordos através da *discussão*.

Na argumentação dialética, razão e vontade (teoria e prática) mantêm entre si uma relação necessária. Se as conclusões são controversas (contestáveis) e provisórias, é porque não se trata de um raciocínio dedutivo (ou demonstrativo). Pela argumentação dialética estabelecemos juízos de valor (bem/mal; justo/injusto; belo/feio) acerca das coisas, mas não verdades. Trata-se de justificar uma posição e assumir suas consequências ou implicações. Ora, o que justificamos não pode ser evidente nem arbitrário; ou melhor, justificamos o que é discutível, o que poderia ser concebido diferentemente. Justifica-se uma escolha, uma decisão ou a pretensão de saber. Nesse sentido, a solidez dos argumentos depende do contexto em que se encontram os interlocutores. Justificar (argumentar) é refutar objeções ou posições.

Ora, o exercício da filosofia implica um permanente conflito de ideias, que se expressa no interior do próprio sujeito e na interlocução entre os sujeitos. Como sabemos, a história da filosofia não é uma sucessão pacífica de ideias, mas um suceder que implica disputa, combate e oposição entre os filósofos. Porém, a única arma de combate do filósofo é a argumentação, porque seu interesse maior é a verdade e não o prestígio pessoal. Se é possível, de alguma maneira, impor sobre os outros a nossa vontade, isto é, se podemos determinar que outros façam o que queremos, não é possível, entretanto, fazer com que pensam aquilo que não querem pensar. Ou seja, não se pode obrigar ninguém a pensar sobre o que não quer pensar. É preciso que cada um exercite a própria razão para chegar às mesmas conclusões. Só quando *convencemos* (vencemos a nós mesmos), é que de fato exercitamos o pensamento filosófico. Por isso, na argumentação filosófica, a autonomia da razão (a capacidade de pensar ou de raciocinar por si mesmo) é um pressuposto fundamental. Há uma simetria inelidível na relação entre os interlocutores, uma vez que o exercício do pensamento filosófico só é possível na liberdade. A imposição arbitrária e a submissão servil são incompatíveis com o exercício filosófico. Pensar filosoficamente significa admitir (reconhecer) que todos os seres humanos são dotados de racionalidade e de liberdade. Ora, isso significa que em todo diálogo os interlocutores encontram-se situados à mesma distância, ou seja, são capazes de argumentar e de contra-argumentar;

4°) O *argumento condicional ou hipotético*:[71] é o argumento formado a partir de proposições condicionais (hipotéticas ou

---

71 AZEREDO, V.D. *Introdução à lógica*. Ijuí: Unijuí, 2004, pp. 54-69.

prováveis). A proposição condicional estabelece uma condição lógica para que algo possa existir ou ocorrer. Assim, existem duas formas válidas desse argumento, que são conhecidas pelas expressões latinas *modus ponens* (modo de afirmação do antecedente) e *modus tollens* (modo de negação do consequente). Na notação lógica, p (é antecedente) e q (é consequente). Ou seja, cada letra corresponde a uma proposição. Dada uma condição, segue-se necessariamente uma consequência lógica. É a forma lógica que assegura a validade ou invalidade de um argumento condicional. Portanto, as formas aparentemente lógicas (negação do antecedente e afirmação do consequente) constituem exemplos de falácias ou de sofismas. De acordo com a fórmula lógica, pode-se representar os argumentos condicionais válidos como segue.

1. Modus ponens

Se p, então q           p ⟶ q

p            ou          p
───────                 ───────
q                        q

2. Modus tollens

Se p, então q           p ⟶ q

~q           ou          ~q
───────                 ───────
~p                       ~p

## 3.5.2.3 – A INVESTIGAÇÃO FILOSÓFICA

O exercício da filosofia é, por definição, um processo aberto e indefinido. Por isso dizer que não há um termo ou fim no trabalho filosófico do pensamento. Em filosofia, o pensamento descreve um duplo movimento ou percurso:

de dentro para fora e de fora para dentro; se lança sobre o mundo e retorna sobre si mesmo, a fim de adquirir autonomia (liberdade), que é a capacidade de determinar-se a si mesmo. A desalienação do espírito é, como nos adverte Kant (*Resposta à pergunta: o que é o Esclarecimento?* de 1783), condição irrenunciável da filosofia.

Por isso, o verdadeiro exercício da filosofia implica uma ruptura com as autoridades que determinaram (moldaram) nosso modo de pensar. No dizer do filósofo alemão, a única autoridade a que devemos incondicional obediência é a autoridade da razão, quando desimpedida dos preconceitos e da ignorância. Não basta pensar, é preciso compreender os pressupostos de seu próprio pensamento. Nesse sentido, a filosofia não é um saber constituído (acabado), mas um saber em constituição. Com Sócrates,[72] aprendemos que o saber do filósofo é muito mais um saber negativo que positivo. O filósofo sabe que não sabe, por isso, deseja saber. Enquanto atividade de pensamento, a filosofia é investigação (busca do saber), questionamento e indagação. Assim como quase tudo na vida, o pensamento também tem um tempo de maturação, não pode produzir frutos sem cultivo e exercício. Depende, portanto, da aquisição e do desenvolvimento de um conjunto específico de *habilidades de pensamento*. Se nossa capacidade de pensar é inata, nossa capacidade de bem pensar é adquirida.

Em filosofia, a capacidade de pensamento é atestada mediante a capacidade de argumentar, que é o instrumento fundamental do filósofo. O rigor do pensamento filosófico se manifesta nas variegadas formas de argumentação. Se ninguém nasce filósofo, então é preciso dominar as ferramentas

---

[72] Veja, por exemplo, o diálogo *Crátilo* de Platão em que Sócrates refuta as teses convencionalista e naturalista da linguagem, a fim de mostrar aos interlocutores Hermógenes e Crátilo a cegueira para com o próprio pensamento, isto é, suas contradições e implicações absurdas.

de pensamento que caracterizam o pensar filosófico. Ou seja, a capacidade de argumentar, de propor e sustentar uma ideia é uma *aptidão filosófica* que se adquire e se desenvolve ao longo do tempo.

Argumentar implica compreender uma questão (um problema), analisar e sintetizar ideias, identificar pressupostos, demonstrar uma tese, estabelecer relações entre ideias, extrair conclusões. Entretanto, a argumentação só se torna crítica quando somos capazes de perceber os pressupostos, as consequências e as implicações de um pensamento. É pela *crítica* que o pensamento adquire um nível maior de (auto) compreensão e de autonomia. O exercício crítico do pensamento requer o domínio de habilidades de julgamento, a utilização e a aplicação de regras e critérios. Nesse sentido, pensar criticamente é pensar criteriosamente. Dado que as filosofias não são equivalentes (equipotentes), é preciso saber avaliar criticamente uma posição filosófica em confronto com outras posições, evidenciando suas contradições e limites.

Em filosofia, o direito de discordar não é necessariamente maior que o direito de concordar. Porém, quer discordando ou concordando, somos compelidos ou instados a dizer o porquê (a expor as razões) de nossa concordância ou discordância. Por isso, a crítica filosófica não consiste em estabelecer meros desacordos de posições teóricas, implica uma justificação racional. Ou melhor, na crítica está pressuposta a compreensão. Assim, se compreender um texto filosófico é refazer a experiência de pensamento de seu autor, seguir o itinerário de seu pensamento, escrever um texto filosófico é explicar, argumentar e investigar.

Nesse sentido, a *crítica filosófica* tem dois sentidos: *positivo* – que se manifesta pela concordância do leitor (ou do comentador) com determinados argumentos e teses dos autores da tradição filosófica. Concordar é compreender, perceber a validade, a consistência lógica da tese em análise; *negativo* – que se revela na discordância e na refutação do pensamento estabelecido. Não se trata de completar ou de corrigir o que está incompleto ou incorreto no pensamento dos filósofos, mas de mostrar contradições, problemas, lacunas ou deficiências. Trata-se de criar, inventar ou produzir um novo pensamento, uma nova perspectiva de análise filosófica.

Esquematicamente, pode-se representar as relações entre linguagem e pensamento da seguinte forma:

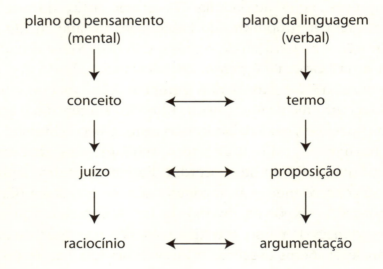

Ora, se aceitamos que a capacidade de pensar é inata, disso não se segue que o desenvolvimento do pensamento é um processo natural ou espontâneo. É pela aquisição da linguagem que exercitamos e desenvolvemos o pensamento. Há uma relação de reciprocidade entre linguagem e pensamento. O aprendizado da linguagem produz uma mudança no pensamento, assim como o aprendizado do pensamento produz efeitos no uso da

linguagem. Por detrás de um termo encontra-se um conceito, por detrás de uma proposição esconde-se um juízo, e sob uma argumentação encontramos um raciocínio.

O que ocorre na mente quando pensamos deve encontrar correspondência na linguagem. A correção de um argumento (num mesmo sujeito) implica a correção de seu raciocínio. Entretanto, na relação de ensino-aprendizagem, a correção da linguagem do aluno pelo professor, não gera, automaticamente, a correção do pensamento do aluno. Ou seja, a correção do pensamento (raciocínio) é sempre um exercício de autocorreção, visto que, em última instância, só o sujeito pode corrigir seu próprio pensamento. Não há correção no pensamento sem compreensão (prévia) das razões da correção.

### 3.5.3 – O CARÁTER INCONCLUSIVO DAS CONSIDERAÇÕES FINAIS

O trabalho filosófico é, por definição, infindável, sem ser interminável. Por isso, as Considerações finais não têm a função de encerrar a investigação filosófica, mas de terminar um trabalho, um texto, um argumento. É sua função retomar a tese, a questão essencial enunciada na Introdução sem incorrer em repetições (ou redundâncias). Trata-se de refazer sinteticamente os passos fundamentais do argumento que serve de resposta ao problema proposto. É necessário reafirmar sua relevância e atualidade, ressaltando a contribuição da discussão para a compreensão da questão ou do problema.

Por isso, nas Considerações finais não se pode acrescentar, introduzir e desenvolver novas ideias e argumentos. O autor deve posicionar-se em relação aos resultados alcançados, extrair conclusões e perceber implicações, a fim de saber se a investigação respondeu ao problema formulado. Nesse sentido, as Considerações finais pretendem ser o "olhar do autor" sobre seu texto, a fim de apontar méritos e limites. É necessário mostrar que o trabalho suscitou novas questões que demandam nova investigação e discussão. Em suma, tais considerações contêm o desejo do autor de prosseguir na reflexão. Vale, portanto, formular perguntas que possam suscitar a atenção e o interesse do leitor para desafios e perspectivas futuras, mostrando, assim, a necessidade de seguir investigando o problema.

Do ponto de vista lógico-gramatical, as conjunções conclusivas (logo, então, portanto, assim, consequentemente, por conseguinte) e as expressões (em síntese, enfim, segue-se que, pode-se inferir, conclui-se que) funcionam como indicadores lógicos das Considerações finais. Portanto, concluir é reafirmar a ideia central do texto em relação ao objetivo principal. Porém, a tese sustentada no texto depende dos conceitos, problemas e argumentos desenvolvidos; por isso, não são as *Considerações finais* o lugar para expor ou explicitar tais relações e implicações.

Esquematicamente, pode-se representar os elementos fundamentais do *desenvolvimento textual* da seguinte forma:

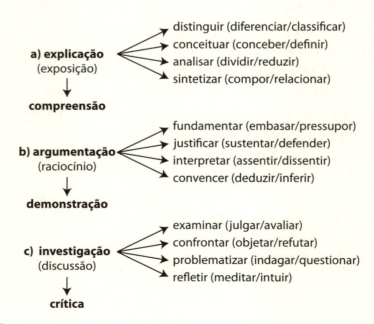

## CAPÍTULO 4

# Da (im)possibilidade de se ensinar filosofia

A pergunta pela (im)possibilidade do ensino de filosofia pressupõe a resposta a duas outras questões: *o que é filosofia? O que significa ensinar/aprender filosofia?* Ora, os filósofos não estão de acordo acerca do que seja a filosofia e muito menos se ela é ensinável ou inensinável. Assim, se há divergência entre os filósofos sobre o que é filosofia, maior divergência parece existir sobre o papel do mestre (ou do professor) no aprendizado da filosofia. Ao que parece, a filosofia não é objeto de transmissão, porque não é uma doutrina, um saber pronto e acabado. A filosofia é, por excelência, expressão da autonomia do pensamento e da criação intelectual.

Em sua origem etimológica, ensinar (*in* + *signare*) significa imprimir de fora um sinal na alma do aprendiz. Com efeito, na filosofia não temos um objeto de conhecimento como nas ciências, o qual possa ser ensinado segundo um método ou procedimento metodológico. Entretanto, disso não decorre que a filosofia não tenha objeto de investigação; ao contrário, a filosofia é um saber que tem uma longa tradição histórica. As obras clássicas do pensamento filosófico ultrapassam em número as obras das outras áreas do conhecimento.

Se nas ciências, o ensino (enquanto transmissão de conhecimento) é possível, na filosofia, o ensino não é, em princípio, possível, visto que a reprodução (repetição) do pensamento não constitui a essência do *pensar filosófico*, mas sinal de erudição. Ou seja, o filósofo não é necessariamente um erudito. Saber filosofia não é o mesmo que saber ciência. Porém, contrariamente à crença largamente compartilhada de que é possível *ensinar filosofia*, pretende-se nesse texto, não apenas questionar os pressupostos que sustentar essa convicção, mas suscitar uma reflexão acerca da possibilidade de (apenas) se *aprender a filosofar* (fazer filosofia). A nosso ver, o tradicional problema do ensino de filosofia deverá ser compreendido a partir dos limites de sua própria formulação, isto é, a partir da relação *mestre-discípulo*, entre aquele que ensina e aquele que aprende.

Ora, o aprendizado da filosofia não deixa de suscitar problemas complexos à própria filosofia, constituindo, por isso, um campo específico da reflexão filosófica. A relação entre *filosofia* e *ensino* é, por certo, um problema crucial não apenas para aqueles que pretensamente ensinam filosofia, mas, sobretudo, para aqueles que desejam aprender filosofia (filosofar). Nesse sentido, é necessário romper com o preconceito fortemente arraigado no meio filosófico, qual seja, o de que a *pesquisa em filosofia* (a produção de textos, artigos e livros) é uma atividade genuinamente filosófica, ao passo que a atividade de *ensino-aprendizagem* é inferior (menos nobre), mais pedagógica que filosófica. Ora, tal concepção sobre o ensino e o aprendizado da filosofia resulta da dicotomia existente entre o *fazer filosófico* e o *ensino filosófico*.

A nosso ver, o cultivo (o exercício) do filosofar não pode estar subordinado à história da filosofia. Sob a forma substantivada, a filosofia é um produto (um conjunto de obras filosóficas), enquanto que o filosofar é um verbo que indica ação, processo ou atividade. Por isso, é necessário indagar não só acerca do papel institucional do *professor de filosofia* e do *filósofo*, mas do vínculo que os une, se quisermos compreender as condições sob as quais o aprendizado da filosofia é possível.

Nesse sentido, é imprescindível constituir uma *filosofia do ensino de filosofia*, se quisermos enfrentar filosoficamente o problema que se apresenta. Ora, toda filosofia traz, explícita ou implicitamente, um propósito formativo. Por isso, se a filosofia renunciar à *tarefa formativa* não só a própria filosofia, como também a educação perderá seu sentido. Daí dizer que a atualidade de uma filosofia depende, em grande medida, de seu potencial crítico e formativo. Portanto, resulta imperioso perguntar: por que filosofar? Quem pode filosofar? Que significa ensinar/aprender filosofia, hoje?

Pretendemos, neste capítulo, sustentar a tese de que a filosofia é *inensinável*, dado que não existe a filosofia. É impossível defini-la (de uma vez por todas). Ou seja, só é possível definir o significado da filosofia depois de tê-la produzido. Existem doutrinas filosóficas, uma grande diversidade de filosofias, mas não há uma ciência filosófica. É possível, porém, ensinar a história da filosofia, mas ninguém é filósofo por conhecer a história da filosofia. *Ensinar filosofia* (a história da filosofia) é explicar o pensamento dos filósofos, mas ninguém *aprende filosofia* por compreender o que disseram os filósofos. Não se pode ensinar filosofia, visto que ensinar não implica aprender. Não há uma relação de implicação lógica entre o ato de ensino e o ato pelo qual se aprende.

Ensinar não é condição suficiente para aprender, embora seja uma condição necessária. Ao ensinar história da filosofia, o professor *determina* não só *o que* os alunos devem saber, mas *sobre o que* devem pensar. Se os meios e os métodos pedagógicos podem variar de professor para professor, os resultados são invariáveis, porque não se pode alterar o pensamento dos filósofos. Ou seja, a obrigatoriedade legal da filosofia não obriga ninguém a filosofar. Por isso, pretendemos sustentar que só é possível *aprender a filosofar*, visto que ninguém pode pensar por outrem. Se o pensamento é um ofício intransferível, a filosofia é intransmissível. Aprender a filosofar é aprender a pensar por si mesmo (alcançar a autonomia intelectual e moral).

O texto que segue está estruturado em três seções: a primeira seção visa estabelecer uma crítica à *profissionalização da filosofia*, sinalizando para a condição contraditória a que foram submetidos historicamente, o filósofo e a filosofia em nossa sociedade. Subordinados à divisão social do trabalho, à lógica da atividade econômica que se expressa através da especialização ou fragmentação do pensamento, a filosofia (e o filósofo) perderam não só a liberdade de pensar, mas a *criticidade* que lhes eram inerente. A segunda seção visa questionar a supremacia da história da filosofia sobre o filosofar. Ainda que útil e imprescindível para a iniciação filosófica, o estudo da história da filosofia não se confunde com o exercício da filosofia (com o filosofar).

A leitura dos textos clássicos da filosofia não pode ser um dispositivo de doutrinação, mas de iniciação filosófica. Por isso, o estudo da história da filosofia deve ser também um estudo filosófico da história da filosofia. A terceira seção contém uma intenção propositiva – visa apresentar os argumentos de Lipman em defesa da possibilidade de se *aprender a filosofar* desde a infância.[73] Nesse sentido, pretende-se afirmar

---

73   O termo *infância* deriva etimologicamente da união do prefixo negativo latino *in* com o particípio presente do verbo latino *fari*. Assim, *infante* era aquele que era incapaz de falar em seu próprio nome. Por exemplo, ainda hoje, a criança é um ser social, política e economicamente marginalizado. No plano social, ela aparece como dependente do adulto, aquele que dela cuida, o responsável por sua alimentação e educação. Do ponto de vista político, a criança é incapaz de participar de decisões, reuniões, assembleias, isto é, deliberar; sob o ponto de vista econômico, ela é improdutiva, capaz apenas de consumir. Por isso, não é infrequente se observar nas sociedades contemporâneas, sobretudo na elaboração dos discursos pedagógico, político e jurídico, atitudes paternalistas, assistencialistas que concorrem mais para aumentar o tempo de dependência das crianças dos adultos que para diminuí-lo.

que o método filosófico proposto por Lipman pode ser útil para renovar a prática da filosofia em todos os níveis educacionais. Para tanto, resulta necessário empreender uma crítica à transposição educacional das teorias psicológicas do desenvolvimento cognitivo, assim como refutar o reducionismo pedagógico (o pedagogismo) na educação.

## 4.1 – CRÍTICA À PROFISSIONALIZAÇÃO DA FILOSOFIA: SER FILÓSOFO E/OU PROFESSOR DE FILOSOFIA?

A institucionalização da filosofia nas sociedades modernas obriga-nos a pensar a filosofia como um saber que se cultiva e se desenvolve (quase que exclusivamente) no interior das instituições de ensino. Entretanto, tal condição imposta à prática da filosofia suscita questões: é possível *ser filósofo e professor de filosofia*? Ou para ser professor de filosofia seria necessário deixar de ser filósofo (livre-pensador)? É possível dissociar as atividades de pesquisa (de produção filosófica) das atividades de ensino filosófico, sem alterar o sentido e a natureza da própria filosofia? Pretendemos, no que se segue, enunciar seis teses sobre o *ensino de filosofia* e seis teses sobre o *aprendizado da filosofia*:

> Tese 1 – ensinar filosofia não é transmitir (transferir) ideias, teorias ou doutrinas filosóficas – o pensamento já pensado, mas possibilitar/permitir os meios e as condições para o aprendiz se apropriar filosoficamente de ideias já pensadas;

> Tese 2 – ensinar filosofia não é dizer como se deve analisar (ler, compreender e interpretar) textos filosóficos, mas suscitar e desenvolver no aprendiz, atitudes, hábitos e habilidades de leitura e de escrita filosóficas; possibilitar diferentes alternativas de interpretação, a fim de que ele possa vir a fazer-se intérprete, autor de suas próprias ideias;

Tese 3 – ensinar filosofia implica renunciar ao desejo de ser mestre (formar discípulos e seguidores) para ser um aprendiz. Em última instância, é necessário saber que ninguém pode ensinar nada a ninguém, e que a filosofia não tem nada a ensinar. É desejar ser abandonado pelo aprendiz. O mestre ensina quando desafia o discípulo a tornar-se livre e independente. Quem ensina aprende a ser dispensável;

Tese 4 – ensinar filosofia não é ser juiz, mas interlocutor (intérprete e mediador) entre a história da filosofia e o aprendiz de filosofia. O professor não é o árbitro das discussões, mas seu mediador e intérprete;

Tese 5 – ensinar filosofia não é propor (a sua filosofia) nem impor uma determinada filosofia, mas expor e explicar a diferença existente entre as filosofias. O professor não pode pretender doutrinar o aprendiz; ao contrário, deve ser um "explicador" das filosofias alheias, possibilitador dos meios e das condições de acesso crítico às diferentes filosofias, a fim de que o aprendiz possa posicionar-se filosoficamente;

Tese 6 – ensinar filosofia é saber que a filosofia não pode ser ensinada, apenas aprendida; é saber que tudo o que se pode fazer é criar as condições de possibilidade da aprendizagem filosófica.

Nesse sentido, pretende-se propor seis teses sobre o aprendizado da filosofia:

Tese 1 – aprender filosofia significa "desaprender" a pensar – aprender a pensar contra si mesmo; recusar o saber herdado dos mestres e das autoridades da tradição. É dar-se conta da necessidade de mudar o modo de pensar. A filosofia não tem por objetivo "fazer cabeças", mas "desfazê-las"; mudar nosso modo costumeiro (comum) de pensar;

Tese 2 – aprender filosofia é aprender a pensar por si mesmo, é seguir o seu próprio pensamento; é deixar de ser discípulo para ser mestre de si mesmo;

Tese 3 – aprender filosofia é formular novos problemas, inventar conceitos, (re)construir teorias e argumentos filosóficos. Significa ser capaz de perceber pressupostos e implicações, a fim de reconstruir criticamente seu modo de pensar;

Tese 4 – aprender filosofia é reinventar a filosofia, recriar seu conceito, seu objeto e seu método. Fazer filosofia é diferente de estudar (conhecer) a história da filosofia;

Tese 5 – aprender filosofia é ser capaz de pensar filosoficamente a história da filosofia. Aprende-se filosofia não quando se pensa o que os filósofos pensaram, mas, sobretudo, quando se é capaz de pensar contra eles – quando se é capaz de pensar o que eles não (puderam) pensaram;

Tese 6 – aprender filosofia é saber que a filosofia não pode ser compreendida de uma vez por todas. Aprende-se filosofia quando se percebe que o saber filosófico não é um saber pronto e acabado, consignado ou depositado em livros, mas um saber que se faz e se refaz continuamente.

Sabe-se através da história da filosofia,[74] que não há relação necessária entre *ser filósofo* e *ser professor de filosofia*, entre filosofia e ensino. Existiram filósofos que não foram professores de filosofia. Tal fato é, certamente, uma forte razão para se poder pensar que o exercício da filosofia não implica, necessariamente, o exercício da docência filosófica. Entretanto, disso não se segue que o título de educador só convém àquele que ensina. Ao contrário, o filósofo é, por excelência, um educador, tenha ele tido discípulos ou não. O que confere tal dignidade ao filósofo não é o fato de ter criado uma escola filosófica (formado seguidores), mas o fato de ter criado uma filosofia que sobrevive à sua morte e continua a desafiar e a instigar o pensamento.

---

[74] Na *Apologia de Sócrates*, Platão apresenta Sócrates como modelo de filósofo, porque não se deixou subordinar por nenhum poder; não tinha escolas, doutrina e discípulos. Cumpre notar que Descartes, Locke, Hume, Wittgenstein, Nietzsche, Marx entre outros, também não foram professores de filosofia.

Nas suas origens gregas, o exercício da filosofia era um "ofício" de poucos, isto é, uma atividade intelectual destinada àqueles que podiam dispor de "tempo livre" para a reflexão e a especulação teórica. A condição e o lugar da filosofia estavam relacionados à condição econômica e política da *polis*, uma vez que a existência de escravos permitia que os homens livres (os cidadãos) se exercitassem no pensamento teórico. Platão em *A República* (Livro VII) afirma que a filosofia é para poucos, por isso, sustenta uma espécie de elitismo intelectual. Já Aristóteles em *A política* defende a escravidão como condição necessária para a vida social e política. O escravo era visto como um instrumento animado, capaz de garantir a satisfação das necessidades básicas dos cidadãos. Aristóteles justifica a escravidão como condição necessária para a sobrevivência da *polis* (e dos homens livres).

Não é sem razão que Aristóteles (*Ética a Nicômaco*, 1177a-b) define a metafísica como um saber teórico (contemplativo e autossuficiente) – o saber pelo saber, por isso, livre e desinteressado. O filósofo, porque é capaz de pensar (os princípios e as causas) aquilo que os outros seres humanos são incapazes de pensar, seria o homem mais perfeito e feliz, e a filosofia mais nobre, perfeita e elevada das ciências, uma vez que permite a realização mais completa da razão (ou natureza) humana. A filosofia unifica sob o critério da totalidade todos os saberes, estabelecendo uma hierarquia entre eles.

Na Idade Média, a atividade filosófica foi, na maior parte das vezes, privilégio e exclusividade de alguns membros do clero (ou daqueles cristãos) que tinham talento e interesse especulativo. A Escolástica é, nesse sentido, o exemplo maior da institucionalização da filosofia. Na Idade Moderna, a filosofia se encontra não apenas subordinada aos processos de seu ensino, mas à "lógica de investigação" das ciências particulares. Nesse sentido, diz Adorno (1986, p. 12): "A filosofia tem sido obrigada pelas ciências particulares a converter-se em ciência particular, e essa é a expressão mais plástica de seu destino histórico". Porém, segundo Adorno (2007, pp. 8-9), se a filosofia se converteu em uma *especialidade* (em decorrência da divisão do trabalho imposta pelas ciências particulares) foi para se diferenciar delas e não para ser um pensar especializado. Ou ainda nas palavras de Heller (1983, p. 26): "A filosofia está hoje inserida na divisão social do trabalho: a objetivação que fundamentalmente *não é uma profissão tornou-se uma profissão*". Ou seja, a partir da Idade Moderna, a divisão social do trabalho[75] tornou-se complexa, provocando mudanças profundas na formação intelectual dos trabalhadores.

Ora, a filosofia não ficará imune ao processo de fragmentação das funções intelectuais, ou seja, a condição e o lugar da filosofia na sociedade moderna sofrem profundas mudanças. De um exercício livre e "desinteressado",

---

75 Ver a esse respeito: DURKHEIM, É. *Da divisão social do trabalho*. São Paulo: Martins Fontes, 2004; MARX, K. *O capital: crítica da economia política*. Rio de Janeiro: Civilização Brasileira, 2004, pp 82-83. Embora pretendam analisar o mesmo fenômeno social (a divisão social do trabalho), Durkheim e Marx divergem em relação aos pressupostos de suas teorias e as conclusões. Durkheim vê na divisão social do trabalho um novo dispositivo para assegurar o funcionamento harmônico (orgânico) da sociedade. Diante da incapacidade da Igreja e do Estado em impor uma nova ordem moral à sociedade, a especialização das funções promoveria uma integração social que se expressaria na interdependência (ou solidariedade orgânica) dos indivíduos. Porém, para Marx, a divisão social do trabalho é estabelecida pela classe dominante sobre a classe dominada. Por isso, da divisão social do trabalho decorre a divisão técnica do trabalho, a qual gera uma relação de exploração da burguesia sobre os trabalhadores. Enquanto a divisão social divide a sociedade, a divisão técnica impõe uma divisão no interior do indivíduo, cinde-o ao meio. Tal fato é intensificado e exacerbado pela alienação do trabalhador em relação ao processo e aos produtos de seu trabalho. Ou seja, ao denunciar o processo de alienação dos trabalhadores, Marx propõe a revolução proletária enquanto estratégia de emancipação (política e humana) do trabalhador, o que implicaria revolucionar as bases econômicas da sociedade capitalista. Ver ainda, MARCUSE, H. *A ideologia da sociedade industrial: o homem unidimensional*. Rio de Janeiro: Zahar, 1982; HABERMAS, J. *Teoría de la Acción Comunicativa: Racionalidad de la Acción y Racionalización Social*. v. 1, Madrid: Taurus, 2003. *Teoría de la Acción Comunicativa: Crítica de la Razón Funcionalista*. v. 2, Madrid: Taurus, 2003.

a investigação filosófica passou a ser uma atividade intelectual submetida à especialização das funções impostas pela divisão social do trabalho. A "visão de totalidade" que caracterizava a filosofia (e o filósofo) desde suas origens gregas parece ser, em nossa época (em face dos avanços e da complexidade crescente do conhecimento técnico-científico) uma tarefa impossível.

A filosofia se transformou num saber de "especialistas", dado que restringe cada vez mais a "competência filosófica" a um aspecto da filosofia. Se há um progresso contínuo no conhecimento, não se pode pretender alcançar a totalidade. Entendedor de um único problema (ou ser versado num único filósofo), o estudioso da filosofia é desencorajado a pensar por si mesmo, avançar para além de determinados limites, a fim de não comprometer sua "autoridade" intelectual e seu discurso.

O mito do especialista, isto é, o discurso competente consiste em "conhecer cada vez mais sobre cada vez menos". Submetido à lógica do especialista (da fragmentação do pensamento), o filósofo sacrifica a crítica em nome do conhecimento. Porém, a filosofia não é um saber técnico (operacional), mas crítico e reflexivo, o que implica recolocar em discussão a própria natureza da filosofia. Denominamos filósofo aquele que não passa de um "erudito",[76] isto é, de um avaliador, repetidor e executor de conceitos filosóficos alheios. Assim, acaba-se por legitimar uma situação de poder (e de exclusão) que impede o surgimento de novos filósofos.

Ora, as objeções que levantamos contra a condição a que foi submetido o filósofo (e a filosofia) na sociedade moderna

---

76 NIETZSCHE, F. *Para além do bem e do mal*, 1992, §211. O filósofo alemão distingue os "operários da filosofia" (incapazes de criar, legislar e inventar seu próprio pensamento) dos novos e verdadeiros filósofos (dos criadores e legisladores).

pode ser assim sintetizada: *a tecnocracia* (o poder da técnica) na medida em que dissimula as relações entre *saber* e *poder* transforma o filósofo num especialista. Ou seja, o saber que determina e controla o pensamento é um saber operacional, por isso, a filosofia se tornou um saber especializado. A *especialização*[77] substitui a formação pela instrução, a compreensão do todo pelo conhecimento da parte, a crítica pela técnica, a liberdade pela obediência, a criatividade pela eficiência. Entender cada vez mais sobre cada vez menos, tornou-se um dogma de fé, uma verdade inquestionável para a atividade intelectual de nosso tempo. Ora, não há filosofia sem liberdade de pensamento (questionamento, crítica e reflexão).

A filosofia é um poder que combate outro poder, a fim de desmascará-lo, isto é, retirar-lhe o seu disfarce. Portanto, a liberdade de pensar é, ao mesmo tempo, uma condição subjetiva e objetiva do exercício filosófico. A fragmentação do pensamento (a especialidade) representa a morte da filosofia. Em nosso tempo, quem deseja ser *mestre* terá de ser professor do Estado ou de uma instituição de ensino. Porém, o desempenho das funções ou tarefas profissionais[78] restringe a

---

77 HORKHEIMER, M. *Eclipse da razão*, 1976, pp. 28, 29. "Tendo cedido em sua autonomia, a razão tornou-se um instrumento. [...] Seu valor operacional, seu papel no domínio dos homens e da natureza tornou-se o único critério para avaliá-la. [...] Quanto mais as ideias se tornam automáticas, instrumentalizadas, menos alguém vê nelas pensamentos com um significado próprio. São consideradas como coisas, máquinas". O filósofo alemão define a *racionalidade instrumental* como um procedimento operacional, que consiste em aprimorar os meios sem se perguntar pelos fins, o que implica converter o conhecimento em poder de controle (domínio) e de exploração da Natureza e dos homens.
78 KANT, I. Resposta à pergunta: que é Esclarecimento? Em: KANT, I. *Textos seletos*. Petrópolis, 1974, pp. 104-108. O filósofo alemão distingue o *uso privado do uso público da razão*. O uso privado da razão diz respeito às atividades profissionais, à execução de tarefas e ao desempenho de um cargo ou função. Nesse caso, o pensamento não é inteiramente livre, porque está submetido a uma autoridade externa, o que significa obedecer regras que não são oriundas nem impostas pela razão. O profissional não fala em seu nome, por isso, não pode pensar livremente. No uso privado da razão,

liberdade de pensamento. O *tempo livre* (o ócio criativo) que é condição para o livre pensar tornou-se escasso (ou deixou de existir) para aqueles que pretendem ensinar (filosofia).

De acordo com o testemunho de Platão,[79] Sócrates negou-se a fazer o jogo dos sofistas, isto é, pensar e agir de acordo com a "lógica" imposta pela divisão social do trabalho e a constituir uma escola filosófica. Por isso, pôde salvaguardar a *independência* e a *liberdade* da filosofia.[80] Ora, a filosofia para Sócrates,[81] não pode ser ensinada, apenas aprendida,[82] porque o saber filosófico não é uma *teoria* ou *doutrina*, mas uma atividade crítica que deve necessariamente partir e retornar à vida humana.

Porém, a fundação da *Academia* (entre 388-385 a.C.) por Platão, transformou a filosofia num assunto de escola. A institucionalização (escolarização) da filosofia assenta-se sobre o princípio da *superioridade* do *saber* do mestre sobre o saber do discípulo, estabelece uma relação hierárquica entre aquele que sabe (e ensina) e aquele que não sabe (e aprende). Se, para Sócrates, a filosofia não era tanto um saber, mas um modo de se relacionar com o saber, para Platão,[83] os *diálogos de refutação* (de interpelação e de

---

somos como que absorvidos pelo tempo, visto que não podemos dispor dele livremente. Por isso, a subordinação do pensamento a uma autoridade externa limita a liberdade de pensar. O uso público da razão é inteiramente livre, porque está relacionado à expressão escrita do pensamento. Ou seja, somente quando nos tornamos autores (ou escritores) é que o pensamento pode se autodeterminar. A razão é para si mesma a autoridade suprema, por isso, o que um autor ou escritor pensa, é expressão de sua própria autonomia ou liberdade. Porque têm tempo, podem dispor livremente do tempo, o autor (e o escritor) pode pensar para além das necessidades imediatas e dos limites operacionais das funções, dos cargos e tarefas.

79  Ver, entre outras obras de Platão: *Apologia de Sócrates; Sofista; Protágoras; Górgias.*
80  Ver, PLATÃO. *Apologia de Sócrates*, 1993.
81  "Sócrates é o mais espantoso fenômeno pedagógico da história do Ocidente" (JAEGER, 1979, p. 475).
82  PLATÃO. *A República*, 2001, Livro I, 388a. No diálogo com Trasímaco, Platão apresenta Sócrates como aquele que não sabe, mas que quer aprender.
83  Embora exista uma intensa polêmica acerca do *problema socrático*, qual seja,

contestação) cedem lugar aos *diálogos didáticos*,[84] ou seja, a *razão investigativa* é substituída pela *razão explicativa*, o saber negativo (crítico)[85] pelo saber positivo (afirmativo).[86] Nesse sentido, quem pode perguntar é aquele que ensina; aquele que tem uma tese ou teoria para defender. Em outras palavras, se, para Sócrates, a filosofia é busca (procura)

---

o de saber qual é o verdadeiro Sócrates, compartilhamos da posição daqueles que como Aristóteles distinguem nos *Diálogos de Platão*, um Sócrates mais autêntico (diálogos socráticos) de um Sócrates menos autêntico (diálogos platônicos). Na perspectiva de Aristóteles, os Diálogos da juventude (*Apologia de Sócrates, Lísis, Laques, Eutífron, Protágoras, Trasímaco, Cármides, Críton, Íon*) seriam aqueles que mais se aproximariam à figura verdadeira de Sócrates, porque são diálogos aporéticos e propedêuticos, não visam apresentar uma teoria das Ideias, enquanto que os Diálogos da maturidade (*Banquete, Fédon, A República, Fédro*) e os Diálogos da velhice (*Teeteto, Parmênides, Sofista, Político, Filebo, Timeu, Crítias, Leis*) retratariam um Sócrates desfigurado, mais próximo dos interesses platônicos. Nesse sentido, se considerarmos os *Diálogos* da maturidade e da velhice, é provável que a maiêutica socrática consistia para Platão, numa ignorância fingida. Mas, poderíamos ainda perguntar: porque Platão teria apenas interesse em retratar de modo verdadeiro o Sócrates dos *Diálogos* de juventude e não o da maturidade e da velhice?

84 "São argumentos didáticos aqueles que raciocinam a partir dos princípios apropriados a cada assunto e não das opiniões sustentadas pelo que responde (pois quem aprende deve aceitar as coisas em confiança)" (ARISTÓTELES, 1983, 165b pp. 1-3).

85 É nesse sentido que deve ser entendida a máxima socrática contida na *Apologia de Sócrates*: "Só sei que nada sei".

86 A crença de Sócrates na imortalidade da alma é a resposta ao paradoxo de Mênon. Por isso, é possível procurar o que ainda não se sabe. Disso decorre que o aprender é uma investigação ininterrupta. "MÊNON: Mas de que modo, caro Sócrates, poderás procurar o que não conheces? Como procurar um objeto que nos é completamente desconhecido? E se o encontrares em tua frente, como poderás saber que se trata do objeto desconhecido e procurado?
SÓCRATES: Compreendo, caro Mênon, o que queres dizer. Mas perceberás que estás a suscitar um árduo problema ao apresentares essa doutrina erística, segundo a qual o homem não pode procurar o que sabe, nem o que não sabe? O que sabe, é claro, não precisa procurar, porque sabe; e o que não sabe, não pode procurar, porque não sabe o que deve procurar.
MÊNON: E não crês que é certa essa doutrina?
SÓCRATES: Não.
MÊNON: E poderias dizer-me por quê?
[...] SÓCRATES: A alma, é pois, imortal; renasceu repetidas vezes na existência e contemplou todas as coisas existentes tanto na Terra como no Hades e por isso não há nada que ela não conheça! [...] A nós compete unicamente nos esforçarmos e procurar sempre, sem descanso. Pois, sempre, toda investigação e ciência são apenas simples recordação".

da verdade, para Platão, a filosofia é a sua posse, a contemplação do ser (a visão do todo).[87]

Ora, se o filósofo (em *A República*) é aquele que detém o saber, então ele deve deter o poder. Ao constituir a classe dos filósofos em *A República*,[88] Platão opera uma identificação funcional entre *saber* (filosofia) e *poder* (política). Por isso, a fundação da Academia é o exemplo mais eminente da transmutação profissional da filosofia. Ao se transformar num *funcionário* do Estado (da *polis*), o filósofo[89] está destinado a governar e a educar. Entretanto, a restrição imposta por Platão à filosofia (a exclusão daqueles que não sabem matemática) passou à História como algo certo e inquestionável. O processo de formação filosófica, tal como aparece descrito nos Livros V, VI e VII de *A República*, é o resultado de uma transformação metafísica e política do filósofo; a ascese (purificação) se torna condição para a sua ascensão (elevação) ao mundo inteligível.

Ora, a fundação da Academia expressa do ponto vista filosófico-educacional a divisão social do trabalho intelectual na Grécia Antiga. Platão afirma em *A República* (Livro IV, 423a-e) que a justiça consiste em cada um exercer suas tarefas de acordo com seus méritos, suas capacidades naturais.[90] Por isso, a filosofia não é acessível a todos os homens,[91] é um privilégio (prerrogativa) de uma classe social. Assim, o *interdito platônico*[92] – a restrição imposta à filosofia passa a

---

[87] "É também a melhor prova para saber se uma natureza é dialética ou não, porque quem for capaz de ter uma vista de conjunto é dialético; quem o não for, não é" (PLATÃO, 2001, Livro VII, 537c).
[88] *A República*, 2001, Livro IV, 423a-e.
[89] PLATÃO. *A República*, 2001, Livro III, 415 a; Livro VII, 546e.
[90] PLATÃO. *A República*, 2001, Livro V, 453c.
[91] PLATÃO. *A República*, 2001, Livro IV, 494a-e. 1992, pp. 42-43.
[92] *Ibidem*, 2001, Livro VII, 537c-540. É evidente a preocupação de Platão com o pensamento independente. Por isso, não resta outra saída a não ser impedir as crianças do aprendizado da filosofia. "Ora não será uma preocupação segura, não os deixar tomar o gosto à dialética enquanto são novos? Calculo que não passa despercebido que os rapazes novos, quando pela primeira vez provam a dialética, se

ser uma necessidade política face à naturalização das diferenças sociais e intelectuais dos habitantes da *pólis*.

Assim, segundo a concepção platônica, é o filósofo aquele que tem o poder de exercer a crítica, de tudo questionar, sem, contudo, questionar a doutrina da *tripartição da alma*,[93] isto é, a ordem social, política e econômica (a ser) estabelecida. Para o filósofo, a *justiça*[94] é a harmonia e o equilíbrio da sociedade, o resultado do exercício de uma *função*[95] social dentro do organismo político. "[...] Cada um de nós não nasceu igual ao outro, mas com naturezas diferentes, cada um para a execução de sua tarefa" (PLATÃO, 2001, Livro II, 370a). Por isso, ninguém pode imiscuir-se na função dos outros. Daí decorre que o organismo social só funciona bem se cada parte executar a sua tarefa, uma vez que a estrutura da sociedade é a projeção da estrutura natural da alma individual.

---

servem dela, como de um brinquedo, usando-a constantemente para contradizer, e, imitando os que os refutam, vão eles mesmos refutar outros, e sentem-se felizes como cachorrinhos, em derriçar e dilacerar a toda hora com argumentos quem estiver perto deles. [...] Ao passo que quem é mais velho não quererá participar dessa loucura, imitará o que quer discutir para indagar da verdade, de preferência àquele que se entretém a contradizer, pelo gosto de se divertir; ele mesmo será mais comedido e tornará a sua atividade mais honrada, em vez de mais desconsiderada" (*A República*, Livro VII 539b-c).

93  *A República*, 2001, Livro IV, 440e-443e. Nesta passagem, Platão estabelece as relações entre as classes sociais, de modo que a classe superior, isto é, a dos filósofos, porque possui o *saber*, deve deter o *poder* político-deliberativo, governar. Porém, as condições desse saber permanecem não questionadas por Platão.

94  "[...] Uma cidade tem a sua origem, segundo creio, no fato de cada um de nós não ser autossuficiente, mas sim necessitado de muita coisa (PLATÃO, 2001, Livro II, 369b). Em outra passagem, Platão (2001, Livro IV, 444e) afirma: "[...] Produzir a justiça consiste em dispor de acordo com a natureza, os elementos da alma, para dominarem ou serem dominados uns pelos outros; a injustiça, em governar ou ser governado um por outro, contra a natureza".

95  "Além disso, que executar a tarefa própria, e não se meter nas dos outros, era justiça. Essa afirmação escutamo-la a muitas outras pessoas, e fizemo-la nós mesmos muitas vezes.
– É verdade.
– Logo, meu amigo, esse princípio pode muito bem ser, de certo modo, a justiça: o desempenhar cada um a sua tarefa.[...]" (PLATÃO, 2001, Livro IV, 433a-b).

Portanto, se a filosofia de Platão deve ser vista como uma reação crítica à educação homérica e à educação técnica e profissional dos sofistas é, por outro lado, necessário indagar os pressupostos dessa crítica. Platão acredita que o *saber filosófico* é, por definição, um saber superior[96] (desinteressado, objetivo e absoluto). Diferentemente de Sócrates, para quem a filosofia não é uma profissão, mas um modo de vida, Platão subjuga o *fazer* e o *saber* do filósofo ao *poder político*. Sócrates, por sua vez, afirma que o verdadeiro filósofo vive da *liberdade de pensamento*. Por essa razão, a filosofia não pode sofrer restrições (coações) de nenhuma espécie. Por isso, o maior adversário do filósofo é necessariamente o político.

Platão afirma, porém, a necessidade de se restringir politicamente a *função do filósofo e da filosofia*; a utilidade da filosofia depende de sua utilidade política. Nesse sentido, a *filosofia acadêmica* (praticada na Academia) não deixa de ser uma *filosofia profissional* (mesmo não sendo remunerada). A *concepção formativa* da filosofia (o programa educacional do Livro VII de *A República*) identifica-se com a *concepção executiva* (técnica) da filosofia. Daí a pergunta: não teria Platão convertido o saber filosófico em aprendizado de uma *techné*? Para Platão, o filósofo não estaria, de antemão, impedido de conceber (pensar) uma sociedade diferente daquela projetada em *A República*?

---

96 PLATÃO. *A República*, 2001, Livro VI, 508a-510e. Nesta célebre passagem o filósofo apresenta a alegoria do Sol e a alegoria da linha dividida, demonstrando a existência de graus de ser, ou seja, a diferença que existe entre o *saber superior* e o *saber inferior*, entre o mundo inteligível e o mundo sensível. Em outra passagem de *A República* (2001, Livro V, 473e), Platão afirma: "Enquanto não forem, ou os filósofos reis nas cidades, ou os que agora se chamam reis e soberanos filósofos genuínos e capazes, e se dê esta coalescência do poder político com a filosofia, enquanto as numerosas naturezas que atualmente seguem um desses caminhos com exclusão do outro não forem impedidas forçosamente de o fazer, não haverá tréguas dos males, meu caro Glauco, para as cidades, nem sequer, julgo eu, para o gênero humano [...]".

Ora, é nesse sentido, que se deve entender a restrição educacional imposta por Platão à filosofia. Nas mãos de Platão, a filosofia assume um caráter aristocrático (prerrogativa das melhores almas), torna-se um saber de alguns eleitos, isto é, de homens livres, daqueles que possuem tempo livre (*scholé*) para pensar, daqueles que não precisam despender tempo para garantir as condições materiais de sua existência. Portanto, a condição primeira de toda filosofia é o ócio e a sua finalidade é a de fundar e preservar as instituições sociais e políticas.

Porém, como aceitar tal privilégio sem fazer da filosofia uma justificação da ordem econômica, social e política? Não teria Platão incorrido numa contradição: como é possível ao filósofo pensar desinteressadamente, uma vez que ele é oriundo de uma classe social? Como poderia o filósofo negar sua origem, despir-se de seus valores, interesses, preconceitos e ilusões? Ora, tais questões nos remetem para o problema da natureza e da formação do filósofo em *A República* de Platão.

Ora, a subordinação da filosofia à lógica da divisão e da especialização do trabalho intelectual compromete não só o ofício do filósofo, mas a finalidade da educação. Nesse sentido, a *filosofia acadêmica*[97] é incapaz de se constituir como crítica radical, condição primeira de toda verdadeira filosofia. Porém, se a filosofia se torna uma profissão (um saber de especialista) temos a degeneração da própria filosofia, porque restringe a liberdade de pensar; reduz o filósofo a um ideólogo, defensor de interesses políticos e ideológicos. Em nosso entender,

---

97 Os termos "academia" e "acadêmico" assumiram diferentes sentidos ao longo dos tempos, por essa razão, faz-se necessário precisar o sentido da expressão "filosofia acadêmica", ou seja, a filosofia que é exercida dentro das escolas e universidades. Embora ao filósofo cabe denunciar e criticar as diferentes formas de alienação social, certamente, também ele, sofre a ação da alienação. Disso decorre, que a neutralidade política do filósofo ou do intelectual é ilusória, ou seja, impossível.

a profissionalização da filosofia representa a negação da própria filosofia, dado que subtrai do filósofo seu aguilhão crítico, transformando-o num pensador ultrapassado; um funcionário do Estado ou do mercado e não da humanidade.

Segundo Nietzsche (1978, pp. 78-80), o verdadeiro filósofo é um espírito livre, ao passo que os trabalhadores da filosofia são espíritos cansados e subservientes. Neles a obediência tomou o lugar da liberdade; são determinados a pensar em função do Estado ou da divisão social do trabalho. Em nosso tempo, o trabalho filosófico se converteu numa atividade técnica e especializada, visto que para ser professor de filosofia é necessário conhecer a história da filosofia e a terminologia dos filósofos. Em outros casos, a pesquisa filosófica é determinada pela lógica da especialização, o que implica compreender um único aspecto ou questão do pensamento de um único filósofo.[98] Ora, a capacidade filosófica (de leitura, de tradução e de cotejamento de textos) não pode ser desenvolvida sem se perguntar o que uma interpretação encobre ou tenta desvelar.

Assim, na medida em que a educação se tornou um processo de formação ou de preparação profissional, de capacitação técnico-científica, o exercício da filosofia também se transformou em grande parte, num *saber técnico*, operacional. Em decorrência disso, o filósofo perdeu sua liberdade de pensamento e passou a se ocupar mais com a história da filosofia que com o filosofar. Ora, o filósofo não

---

[98] No meio acadêmico, o prestígio e a autoridade de um professor de filosofia decorre, geralmente, do fato de ser ele um especialista acerca de um filósofo ou de uma corrente filosófica, ou ainda de ser um grande conhecedor de um período histórico da filosofia. Entretanto, cumpre questionar não esse fato, mas a aceitação desse fato como condição (norma) para ser professor de filosofia. Ora, se o domínio da história da filosofia é necessário para ser professor de filosofia, não é, porém, uma condição necessária para ser filósofo, porque o filósofo está destinado a criar e a inventar a sua própria filosofia.

se limita a repetir e reproduzir o que já foi pensado; é sua função pensar contra todo pensamento. Por isso, aprender filosofia não é aprender uma profissão, mas aprender a viver. A filosofia exige coerência entre o que pensamos (conhecemos) e o que fazemos.

Todavia, em nome da profundidade filosófica pratica-se uma filosofia à maneira das ciências, as quais recortam (seccionam) a realidade, fragmentando o pensamento. O filósofo quando imita o cientista perde a *radicalidade* de sua interrogação; deixa de produzir compreensão para produzir explicação. Se ao cientista cabe fragmentar a realidade para melhor explicá-la, ao filósofo cabe perguntar sobre os pressupostos (fundamentos, princípios, conceitos, critérios e valores) que orientam a sua atividade e do cientista. Por isso, não é possível *fazer filosofia*[99] sem interrogar, recriar ou reinventar a própria ideia de filosofia.

Ensinar filosofia não consiste em transmitir conteúdos (transferir conhecimentos da mente do professor para a mente do aprendiz), mas em encorajar e instigar o pensamento do aprendiz, a fim de que possa investigar os pressupostos e as implicações decorrentes de uma posição filosófica. Ora, para ser professor de filosofia é necessário possuir um sólido conhecimento da tradição filosófica; é imprescindível compreender o pensamento dos diferentes filosóficos e investigar os seus "pontos de tensão", a fim de experimentar por si mesmo as possibilidades e os limites de uma filosofia. Por isso, a primeira condição para se ensinar filosofia é saber pensar filosoficamente. Porém, o verdadeiro professor de

---

[99] A questão acerca do progresso em filosofia põe frente a frente, kantianos e hegelianos. Para aqueles que advogam a existência de um progresso da razão filosófica, então existem filosofias melhores e piores. Porém, para aqueles que não defendem essa tese, não existe uma filosofia melhor que outra, porque só existem filosofias. Nesse sentido, todo juízo filosófico é sempre um juízo a partir de uma filosofia.

filosofia não é necessariamente aquele que mais conhece a história da filosofia, mas aquele que mais deseja saber.

Portanto, saber filosofia não é saber o que disseram os grandes filósofos, mas saber porque disseram aquilo que disseram. Ao professor de filosofia cabe investigar os pressupostos de um pensamento, explicitar o significado implícito de uma proposição filosófica, dizer o que não está dito num texto filosófico, ou seja, completar o seu sentido.

Para Kant (1983, pp. 407-408; 1992, pp. 39, 42), entretanto, a filosofia não é passível de ensino, porque não é um conhecimento dado, constituído ou acabado. A filosofia não é um conhecimento por dados (*ex datis*) como o conhecimento matemático, mas um conhecimento por princípios (*ex principiis*). A filosofia não é conhecimento de objetos, mas o conhecimento acerca do modo de se conhecer esses objetos – uma investigação acerca das condições de possibilidade do conhecimento.

Aprende-se a filosofar, a exercitar a razão. Disso não se segue, porém, que a história da filosofia (e a leitura das obras dos filósofos) é inútil ou irrelevante para o filosofar. A história da filosofia é a história do uso da razão. Todo texto filosófico é um pretexto (meio ou instrumento de iniciação[100] filosófica) para se pensar uma questão filosófica. Aprende-se a pensar por si mesmo exercitando a própria razão. Por isso, é sempre a investigação (a análise crítica), o desejo de saber – uma concepção de filosofia que constitui o ato filosófico, que move e impulsiona o filósofo a filosofar. Ora, em nossa época é necessário recolocar a questão: *o que é a filosofia?* A resposta a essa pergunta denuncia uma determinada concepção filosófica, um modo de conceber o

---

[100] FOLSCHEID, D.; WUNENBURGER, J.-J. *Metodologia filosófica*. Martins Fontes, 2002, p. 9.

pensamento e a realidade. Por isso, responder a pergunta: *o que é a filosofia?* – é determinar um sentido (uma possibilidade) para a filosofia.

Para Hegel[101] (1991, pp. 139-141), ensinar filosofia é ensinar uma filosofia. Não é possível dissociar o método de ensino do conteúdo a ser ensinado. Não é possível aprender a filosofar, senão aprendendo uma filosofia. O pensamento não opera no vazio; pensar é pensar sobre algo, o que implica um conteúdo (uma matéria). O ato pedagógico que instrui o procedimento metodológico denuncia uma perspectiva filosófica. Por isso, a questão fundamental a que toda filosofia deve responder, diz respeito a si mesma, isto é, à sua autocompreensão. Ou seja, todo ensino de filosofia é sempre o ensino de uma filosofia.

Porém, desde os filósofos gregos, a filosofia é aquela atividade da razão em busca de uma imagem coerente de si mesma. É no confronto entre mestre e discípulo que se instaura a diferença de pensamento; o pensamento só "progride" na contraposição de ideias. Sócrates não admitia a contradição, ou seja, estar em desacordo consigo mesmo. O exercício da *filosofia* implica, segundo a tradição socrático-platônica, um esforço intelectual para buscar a verdade, porque o

---

101 "Em geral se distingue um *sistema* filosófico com suas *ciências particulares* e o *filosofar* mesmo. Segundo a obsessão moderna, especialmente a da Pedagogia, não se há de instruir tanto no *conteúdo* da filosofia, quanto se há de procurar *aprender a filosofar sem conteúdo*; isso significa mais ou menos: deve-se viajar e sempre viajar, sem chegar a conhecer as cidades, os rios, os países, os homens etc. [...] Assim, quando se conhece o conteúdo da filosofia, não apenas se aprende a filosofar, senão que já se filosofa realmente. [...] O modo triste de proceder, meramente formal, este buscar e divagar perenes, carentes de conteúdo, o raciocinar ou especular assistemáticos, têm como consequência a vacuidade de conteúdo, a vacuidade intelectual das mentes, o fato de que elas *nada possam*. [...] O modo de proceder para se familiarizar com uma filosofia plena de conteúdo não é outro que não a aprendizagem. A filosofia deve ser *ensinada e aprendida*, na mesma medida de qualquer outra ciência. [...] O estudo da filosofia é um trabalho próprio, é em si mesmo uma aprendizagem – a aprendizagem de uma ciência configurada, *já existente*" (HEGEL, 1991, pp. 139-140, 141).

conhecimento se dá por um desvelamento progressivo, por um processo de descoberta que se faz mediante uma atividade *dialógica* (e *dialética*). É nesse sentido que se diz que o filósofo não é um completo *ignorante* nem um sábio (*sóphos*), mas o amigo do saber (*philosóphos*). O título de sábio convinha, segundo o costume mítico-religioso, apenas às divindades. Ao filósofo, convém chamá-lo de "amigo do saber". É nesse movimento incessante pela busca da verdade que o filósofo revela sua verdadeira natureza e o sentido daquilo que faz.

Para Sócrates, existem dois tipos de ignorância que se deve considerar no aprendizado da filosofia: a) a ignorância invencível, isto é, a ignorância ignorante que pertence àquele que ainda não se descobriu ignorante; b) a ignorância vencível ou a douta ignorância, pertencente àquele que se reconhece ignorante, ou seja, àquele que admite não saber, mas por isso adquiriu o princípio da sabedoria.

A filosofia se apresenta enquanto *ascensão* e *ascese* da alma, que através da dialética da contrariedade e do procedimento argumentativo (das hipóteses contrárias) visa conduzir o pensamento do interlocutor para a apreensão do conceito (que é universal). Ora, isso não implica "distanciar-se" do mundo, mas da opinião (*doxa*) – da maneira habitual de se pensar. Ou seja, a filosofia é o exercício da razão em contraposição àquilo que recebemos dos sentidos. Esse processo de conversão da alma traz, inevitavelmente, a necessidade de se abandonar um modo de pensar em favor de outro. Aprender a pensar é desaprender, recusar os antigos hábitos de pensamento. Por isso, o resultado do percurso dialético descrito pelo pensar filosófico é a conversão da alma, ou seja, a orientação para a verdade.

Se ensinar filosofia é por definição um ato filosófico, porque prescreve e determina um modo de pensar filosófico, uma forma de se conduzir (orientar) filosoficamente o pensamento. Por isso não se pode, sem prejuízo, para o aprendizado da filosofia, conceder maior importância a uma filosofia em detrimento de outra. O ensino filosófico terá que ser sempre plural, capaz, portanto, de abrigar e possibilitar diferentes perspectivas filosóficas sobre um mesmo problema ou questão. O que caracteriza a filosofia é a divergência de ideias sobre um mesmo problema. Porém, o conflito das filosofias implica o embate e o confronto de ideias. Se o "ensino de filosofia" não possibilitar o exercício livre do pensamento, então se torna um simulacro e um instrumento ideológico para manipular e dominar as consciências dos incautos.

Como sabemos, ninguém se torna artista porque conhece a história da arte, assim como, ninguém é físico[102] por ter estudado a história da física. Ora, se para ser físico é necessário inventar ou criar uma nova teoria física, para ser filósofo é preciso produzir uma obra filosófica. Conhecer a história da arte não torna ninguém um artista. Ou seja, para fazer filosofia é preciso aprender a pensar filosoficamente. A ideia de que a *história da filosofia* se identifica com a filosofia e que, em razão disso, todo aprendizado filosófico consiste na leitura dos textos clássicos (preferencialmente, na língua original de seu autor) constitui um equívoco, visto que identifica o filosofar com a filosofia, o pensar com o pensamento. Nessa perspectiva, Sócrates estaria irremediavelmente condenado a não filosofar. Ora, nesta seção pretendemos mover uma crítica à supremacia da história da filosofia sobre a filosofia e o filosofar.

Subordinar o "ensino de filosofia" à história da filosofia significa afirmar que há progresso na história da filosofia,

---

102 Distinguimos, para efeito de análise, o professor de física do pesquisador (do físico propriamente dito). Embora um físico possa ser um professor de física, não é, entretanto, o fato de ser professor de física que lhe confere o título de físico (cientista).

isto é, que as ideias filosóficas se sucedem (e se superam) umas às outras ao longo do tempo. Herdeira de Hegel (1980, pp. 74-80), tal concepção filosófica define a razão como algo que se realiza e se desenvolve progressivamente na história. Nesse sentido, a filosofia de Aristóteles seria superior a de Platão, a de Kant superior a de Descartes e, assim, sucessivamente. Para os defensores dessa posição, só há uma filosofia, isto é, uma verdade e uma razão que se manifestam historicamente. Portanto, o *filosofar* enquanto exercício autônomo da razão seria programaticamente dependente da *história da filosofia*, das teorias ou doutrinas dos grandes filósofos. Ou seja, o conteúdo (conceitos, problemas e argumentos) do filosofar seria extraído da história da filosofia.

Contudo, resulta necessário indagar: é a história da filosofia condição necessária (e suficiente) para o exercício da filosofia? Ora, se o filosofar depende da história da filosofia, então, aqueles que não dominam nem se expressam na linguagem e na terminologia técnica dos textos clássicos da filosofia, estariam, de antemão, excluídos ou impossibilitados de adentrarem ao panteão da filosofia. Entretanto, tal argumento contém uma falácia, porque identifica o *começo* histórico da filosofia com a *origem* da filosofia. Ora, conhecer a história da filosofia não é o mesmo que filosofar. *Fazer filosofia* é reinstaurar a perplexidade frente ao mundo; é recolocar em debate as questões dos filósofos do passado face aos desafios e às questões do tempo presente, o que implica repensar (pensar de novo) o que já foi pensado, exercer a crítica em relação aos sistemas filosóficos, a fim de vislumbrar novas possibilidades de pensamento.

Em filosofia, o que importa não é ler textos filosóficos, mas ler filosoficamente textos filosóficos. Repetir sentenças filosóficas não confere a ninguém capacidade filosófica. Pensar filosoficamente não é o mesmo que ler os clássicos pelos clássicos; é ser capaz de pensar o que o clássico pensou se estivesse em nosso lugar, vivendo em nossa época. Se, por um lado, é duvidoso (ou discutível) sustentar que a *iniciação à filosofia* requer a leitura de textos clássicos, por outro, é certo que a leitura de textos clássicos é uma fonte permanente de inspiração, um instrumento útil e imprescindível para a compreensão dos problemas filosóficos. Porém, saber filosofia não é saber o que disseram (o que pensaram) os filósofos do passado. Ou seja, a filosofia não se reduz à sua história, porque não é um saber enciclopédico. O exercício da filosofia é menos um exercício de memória que da razão. O filósofo está imerso no presente; por isso parte e deve retornar impertinentemente sobre as questões do tempo presente.

A rigor, só existe filosofia contemporânea, posto que toda filosofia é sempre atual; não é um fóssil nem está depositada no passado como um objeto inerte. A filosofia tem um passado, mas isso não a torna superada ou ultrapassada. Nesse sentido, a filosofia de Platão não seria menos atual que a filosofia de um filósofo contemporâneo. Ao mesmo tempo em que a filosofia é histórica (não está fora do tempo) ela é a anti-histórica, ou seja, não há progresso (nem regresso), mas sucessão no pensamento filosófico. Por isso, seu valor transcende toda e qualquer época histórica. Portanto, a divisão do pensamento filosófico em períodos históricos é tributária de uma visão histórica da filosofia, e não de uma visão filosófica da história da filosofia. Ou seja, o aprendizado da história da filosofia cumpre mais uma função informativa que filosófica (formativa), dado que o tempo sob o qual o pensamento é formado (ou gestado) é o tempo lógico e não o tempo histórico.

Como se vê, a filosofia não constitui um *corpus* de conhecimento passível de transmissão (comunicação). O conteúdo da filosofia não é um "depósito" de ideias historicamente acumulado; por isso, é necessário reinventar e reconstruir a própria ideia de filosofia. Disso decorre que a filosofia não pode ser concebida nem realizada de uma vez por todas. A *história da filosofia* é a descrição do uso da razão ao longo dos tempos e não uma manifestação plena da filosofia. Já a *filosofia da história* (da filosofia) deve ser concebida como a tentativa de compreender o que permanece oculto aos historiadores. Se a filosofia não é um saber ao modo das ciências, é porque a filosofia não abriga a pretensão de solucionar problemas, mas de formulá-los e compreendê-los. Por isso, do filósofo não se pode esperar nem exigir soluções, mas respostas aos problemas propostos. Não existe *a* filosofia – uma *filosofia substantiva*; existem apenas *filosofias adjetivas* (a filosofia de Platão, de Aristóteles, de Descartes etc.). Se existisse uma filosofia substantiva, seríamos obrigados a perguntar quem é seu autor. Ora, tal fato tornaria impossível um julgamento que não pudesse ser julgado, um discurso sem um sujeito enunciador.

Disso se depreende que o aprendizado filosófico pressupõe a reconstrução da ordem lógica do discurso filosófico. Aprender filosofia significa formular *problemas filosóficos,* compreender a validade das respostas e dos argumentos que oferecemos aos problemas. Daí que conhecer uma filosofia sem o problema filosófico que a engendra, é o mesmo que querer compreender a resposta (o argumento) sem a pergunta.

É nessa perspectiva que adquire relevância filosófica a proposta de Lipman (1922-2010),[103] visto que para esse autor

---

103 Filósofo e educador norte-americano que renovou a teoria e a prática filosófica ao propor e enfrentar o desafio educacional de se levar a filosofia às crianças. Contestado por alguns estudiosos, porque estaria simplificando os problemas filosóficos, é admirado e seguido por outros, graças à originalidade (e ousadia) de sua proposta

há uma diferença substancial entre *estudar filosofia* (ou história da filosofia) e *fazer filosofia*, mas não há diferença entre o *aprendizado filosófico* e a *investigação filosófica*. Aprender filosofia é aprender os procedimentos de investigação filosófica. Assim, a tese lipmaniana reabre uma antiga discussão acerca da (im)possibilidade de se ensinar filosofia. Por isso, faz-se necessário aqui remontar a Kant e Hegel, aqueles filósofos que na história da filosofia trataram filosoficamente tal problema, a fim de confrontar as suas posições com as de Lipman.

Para o autor da *Crítica da razão pura*,[104] a filosofia não é uma obra acabada, mas em construção. Se não existe a filosofia enquanto sistema constituído, então não se pode aprender filosofia, aprende-se apenas a filosofar. Ao conhecermos os pensamentos dos filósofos, conhecemos a história da filosofia (do uso da razão), mas não se segue daí que filosofamos. Para ser filósofo é preciso reinventar

---

enquanto tentativa de renovação do método de produção e de aprendizagem da filosofia. Nesse sentido, soube, como ninguém, romper a clausura da filosofia e estender seu acesso às crianças (àqueles que estavam historicamente destinados a não filosofar). Em nosso entender, o legado de Lipman não se limita ao aprendizado da filosofia; ao contrário, tem profundas implicações na atividade de investigação filosófica. Ou seja, a filosofia é uma atividade dialógica e crítica, que se realiza numa *Comunidade de Investigação*, o que significa dizer que o filósofo não pode ficar recluso nem alheio àquilo que ocorre para além de suas convicções e fronteiras. Em filosofia, diz Lipman (1994, pp. 48-49), não é possível uma afirmação peremptória, uma vez que todo argumento está sujeito à inspeção crítica dos filósofos e daqueles que desejam pensar filosoficamente. Entre suas obras, destacam-se: *Philosophy Goes to School*. Philadelphia: Temple University Press, 1988; *Thinking in Education*. Cambridge: Cambrigde University Press, 1991; *Thinking Children in Education*. Iowa: Kendal/Hunt, 1993.

104 "Ninguém que não possa filosofar pode-se chamar de filósofo. Mas filosofar é algo que só se pode aprender pelo exercício e o uso próprio da razão. Como é que se poderia, a rigor, aprender a Filosofia? Todo pensador filosófico constrói, por assim dizer, sua obra própria sobre os destroços de uma obra alheia; mas jamais se erigiu uma que tenha sido estável em todas as suas partes. Não se pode aprender Filosofia já pela simples razão que *ela ainda não está dada*. [...] Ao contrário, quem quer aprender a filosofar tem o direito de considerar todos os sistemas da Filosofia tão-somente como uma *história do uso da razão* e como objetos do exercício de seu talento filosófico. O verdadeiro filósofo, portanto, na qualidade de quem pensa por si mesmo, tem que fazer um uso livre e pessoal de sua razão, não um uso servilmente imitativo" (KANT, 1992, pp. 42-43).

a filosofia, fazer uso próprio da razão, o que implica liberdade (autonomia) de pensamento. É preciso ser autor de suas próprias ideias. O espírito filosófico é incompatível com a obediência cega, com a servidão voluntária e com o conformismo intelectual. Podemos ter as mesmas ideias, mas não os mesmos pensamentos.

Em outras palavras, aprender a filosofar significa investigar os problemas filosóficos, examinar o valor das respostas e a validade dos argumentos. Nesse sentido, Lipman reedita a tese kantiana: aprender filosofia é aprender a pensar filosoficamente. Porém, diferentemente de Kant (para quem o filosofar só é possível na idade adulta), Lipman postula a necessidade de aprendermos a pensar filosoficamente desde a infância.[105] Deve-se franquear o acesso universal à filosofia, mas para isso, é necessário remover os falsos impedimentos (e as interdições injustificadas) para que as crianças também possam se aproximar e se apropriar criticamente do pensamento filosófico.

Porém, universalizar o acesso à filosofia não implica banalizá-la, mas assegurar um direito universal. Por isso, diz Lipman, filósofos e crianças têm algo comum (não se cansam de perguntar); introduzem perguntas ali onde se espera tãosomente respostas. Nesse sentido, a capacidade filosófica das crianças deriva tanto da curiosidade intelectual, do desejo de saber que se encontra em cada ser humano, quanto da atitude de espanto e de perplexidade frente ao mundo. Assim, o que é surpreendente, não é o fato de que as crianças podem pensar filosoficamente, mas o fato de que foram historicamente impedidas de fazê-lo.

Em *Introdução à história da filosofia* Hegel (1980, p. 61) também afirma:

---

[105] *Idem*, nota 73, página 158.

[...] *Enquanto a criança só tem a potência ou a possibilidade real da razão, é como se não tivesse razão: a razão não existe ainda nela, porque ela nada pode fazer de racional e carece de consciência racional.*

Ora, se para Platão é conveniente (ou pedagogicamente justificável) impedir o acesso da criança à filosofia, porque o abuso da dialética poderia perverter e degenerar a alma dos pequenos; para Hegel é necessário negar o uso da razão pela criança. Lipman, ao contrário, reconhece não só a presença de racionalidade nas crianças, mas seu uso; por esse motivo as crianças podem aprender filosofia, exercitar a razão, fazer uso crítico e criativo do pensamento. Por isso, a filosofia tem um valor formativo, deve estar integrada à educação formal desde seus níveis inferiores. Nesse sentido, Lipman recusa tanto a tese platônica quanto a hegeliana, porque vê nelas uma justificação não filosófica da exclusão das crianças da filosofia.[106]

## 4.2 – APRENDER A FILOSOFAR É FAZER FILOSOFIA

É necessário dizer que é da essência da filosofia prover os fundamentos e os fins da educação,[107] problematizar o conceito

---

106 Diante da tese platônica, há que se fazer uma diferença entre o *uso* e o *abuso* da dialética. Ora, pretender negar um direito a alguém em base ao fato de que isso poderia representar uma ameaça ou poderia voltar-se contra ele mesmo, é argumentar a partir do abuso e não do uso desse direito; é argumentar a partir da infração de um direito e não a partir do direito. Ora, não é a dialética que pode perverter as almas jovens, mas a dialética sem a ética daqueles que são responsáveis por sua educação. Uma possibilidade não indica uma necessidade. Se assim fosse, deveríamos de igual modo proibir o ensino da matemática, porque a matemática poderia perverter o caráter das pessoas, uma vez que permite que as pessoas que aprendam matemática se beneficiem mediante cálculos enganosos dos devedores que desconhecem matemática.

107 Por uma questão de rigor conceitual, deve-se distinguir *ensinar* de *educar*. A *educação* é um processo mais amplo que o *ensino*, por isso, não está restrito às instituições de ensino, porque visa promover a formação do caráter através da aquisição de hábitos e de atitudes, enquanto que o *ensino* é um processo mais restrito (que ocorre, sobretudo, nas instituições de ensino), responsável pela aquisição de conhecimento

de homem e de sociedade, isto é, a *formação intelectual* e *moral*[108] de crianças e jovens, de modo que renunciar a essa tarefa e a esse desafio seria o mesmo que renunciar a filosofar. O ato filosófico é conatural ao ato educativo, porque a filosofia surge historicamente como educação. Porém, a filosofia é mais um *saber instituinte* (negativo) que um *saber instituído* (afirmativo), legitimador da ordem vigente. De modo paradoxal, se a filosofia deve ser educadora, então ela terá que ser o momento por excelência da *deseducação*.[109] Ou seja, a razão filosófica opera destrutivamente, ao contrário da razão pedagógica que opera construtivamente, porque afirma a possibilidade de "formar" cidadãos para o exercício da vida em sociedade e preparar profissionais para o mercado de trabalho.

Porém, se quisermos enfrentar tais questões, então é necessário desafiar velhas crenças filosóficas (e pedagógicas), as quais parecem supor ser possível *ensinar filosofia* sem *filosofar*. Segundo Lipman, *aprender a filosofar é fazer filosofia*. Ou seja, a lógica que orienta o processo da investigação filosófica é a mesma que orienta o aprendizado filosófico.[110]

---

e pela formação de habilidades e competências intelectuais.

108   Para usarmos uma expressão aristotélica, denominamos o conjunto de habilidades intelectuais de virtudes dianoéticas em comparação com as virtudes éticas, relativas ao agir humano. De acordo com a filosofia kantiana, deveríamos distinguir o uso puro do uso prático da razão.

109   A filosofia não tem a tarefa de "formar" cabeças no sentido de dizer o que alguém deve pensar ou como deve agir, mas de desfazer preconceitos, ou seja, de prover os meios necessários para o ser humano aprender a pensar por si mesmo. Nesse sentido, a filosofia é antiformativa, ou se quisermos, antipedagógica.

110   O conceito de *Comunidade de Investigação* (lugar onde ocorre o aprendizado filosófico) implica, segundo Lipman, um procedimento que todos os participantes devem estar dispostos a seguir: a) *atividade prévia* – motivação; gerar uma disposição favorável ao aprendizado; b) *apresentação de um texto* – leitura, compreensão e interpretação; c) *problematização do texto*. Pôr o texto em questão. Formulação de perguntas ou de problemas filosóficos (de forma individual e coletiva). Perguntas de questionamento e de esclarecimento; perguntas abertas; d) *discussão filosófica* – explicação das teses (hipóteses), argumentos e contra-argumentos (objeções e questionamento). A conceituação e a compreensão filosófica; e) *atividade posterior à discussão* (exercícios de fixação e de aplicação, de revisão e avaliação).

Nesse sentido, Lipman propõe que *a formação filosófica* deve ter seu início na Educação Infantil e no Ensino Fundamental, isto é, deve-se facultar às crianças (e não apenas aos jovens e adultos) o acesso à filosofia.

Nesse sentido, a inovadora proposta de Lipman poderia questionar tanto as convicções filosóficas quanto a *ortodoxia pedagógica* reinantes em nosso meio acadêmico. Ora, tal proposta nos obriga a pensar a filosofia em novo registro, o que contrasta fortemente com os modelos atuais de ensino, de aprendizagem e de pesquisa filosófica. Assim, a crítica lipmaniana poderia, por exemplo, recolocar em questão a "crença" dos filósofos segundo a qual a criança é um ser pré-filosófico (pré-racional), isto é, um ser naturalmente incapaz de filosofar, por isso, deve ser tutelado. Questionar a validade desses argumentos e as motivações deste suposto consenso parece se constituir num dos grandes desafios enfrentados por Lipman e por seus colaboradores. A questão principal não é a de saber se existe uma educação para ser filósofo, mas seria possível uma educação sem filosofia. Lipman (1990, p. 31) assevera que o aprendizado da filosofia não é uma questão de idade, mas de oportunidade educacional. Para ele, o problema da relação entre as gerações (adultos e crianças) como também, o problema das relações de gênero (homem e mulher) adquirem sentido e relevância filosófica quando formulado desde a filosofia.

Portanto, o exercício institucional da filosofia não pode ser dissociado de seu aprendizado. Aprender filosofia significa aprender a pensar filosoficamente. Porém, o que significa aprender a pensar filosoficamente? Ora, se ninguém nasce filósofo, então é provável que os filósofos tenham aprendido a sê-lo. Porém, não se faz um filósofo como se faz um médico, um advogado, um arquiteto ou um engenheiro. A *formação filosófica* requer tempo, exercício e experiência (cultivo do pensamento crítico); é um aprendizado permanente.

Por isso, quem passa pela filosofia não faz filosofia. A filosofia é um lugar de permanência e não de passagem. Desse modo, ninguém é filósofo (no sentido rigoroso do termo) porque possui o título acadêmico de filosofia. A filosofia leva uma vida, e, certamente, uma vida será pouco para a filosofia. Porém, cabe aqui se perguntar, não tanto sobre a formação do filósofo, mas sobre a possibilidade de os não iniciados na filosofia terem acesso à filosofia.

Ora, se o exercício da filosofia implica o desenvolvimento da autonomia do pensamento, ou seja, se não é possível ensinar filosofia, mas apenas aprender a filosofar, então faz-se necessário remontar à definição etimológica de *pedadogo* e de *competência* (pedagógica), a fim de compreendermos o papel do mestre e do discípulo. Na Grécia Antiga, pedagogo era aquele escravo que conduzia, levava a criança à escola. A pedagogia em sua origem grega representava a tutela (a direção, a dependência, o controle e o comando) do adulto sobre a criança. Já a palavra *competência* vem do latim (*competere*) e significava originalmente, *buscar junto com*; porém, no latim tardio, passou a significar *disputar junto com*. Hoje, entende-se, muitas vezes, por pedagogia um conjunto de técnicas de como ensinar, e por competência pedagógica, um conjunto de habilidades necessárias ao exercício dessa atividade.

Porém, convém perguntar: *será a pedagogia condição necessária ao aprendizado da filosofia?* Será necessária a intervenção de um mestre para orientar e dirigir o aprendizado filosófico? Ora, esta parece ser uma antinomia insuperável do ensino de filosofia. Desde Sócrates, Platão e Aristóteles, a filosofia é uma atividade mediada por um mestre, mas seguir o mestre não é ser filósofo. Platão nos diz em *A República* (Livro VII) que o *aprendizado da filosofia* só é possível no estágio final do itinerário educacional, destinado, portanto, a alguns adultos.

Filósofo é aquele que se conduz por si mesmo sem o comando e a direção de outrem. Nesse sentido, o ensino de filosofia deve ser necessariamente *antipedagógico*. Entretanto, não se pode esquecer que o ensino filosófico, requer um mestre e uma *propedêutica* (um saber prévio) que tem por objetivo assegurar as condições de sua possibilidade. Portanto, "ensinar a aprender" implica "aprender a ensinar". A nosso ver, o programa educacional de *A República* (Livro VII) de Platão produziu uma falsa convicção filosófica que, frequentemente é evocada (e invocada) por educadores (quando não por pretensos filósofos) para justificar a interdição das crianças à filosofia.

Entretanto, se entendemos que aprender a filosofar implica se confrontar com a tradição e com os contemporâneos, então, resulta necessária a presença e a ação mediadora de um mestre. A filosofia é para quem deseja ultrapassar-se. Se o didatismo do mestre é prejudicial à filosofia, porque produz a subordinação do pensar do aluno ao pensar do professor, a prescrição de um método de ensino poderá ser útil para se pensar os limites de um pensamento. Portanto, se entendermos que pedagogia é a capacidade que tem aquele que ensina promover o aprendizado, então parece ser necessária uma *pedagogia filosófica* – capaz de oferecer ao aprendiz a *oportunidade* e o *risco* de aprender a *pensar por si mesmo* –, é preciso que o aprendiz faça a experiência da solidão, da reflexão solitária, sinta-se uma vez desorientado para aprender a orientar-se no e pelo pensamento.

Nesse caso, a pedagogia do filósofo consiste na capacidade de ensinar não a (sua) verdade, mas a investigar a verdade. A tarefa do mestre é instigar o aprendiz a pensar por si mesmo, o que significa, pensar não só com o mestre, mas contra ele. Por isso, dizer que a *incompetência* ou *impotência pedagógica* do filósofo está no fato de que ele não pode ensinar, mas apenas criar as condições de ensino. A pedagogia do filósofo está na capacidade de ensinar ao discípulo a necessidade de abandoná-lo e superá-lo.

Como sabemos, a *infância* sempre foi, ainda que de forma tácita, um problema para a história da filosofia ocidental.[111] Note-se que, em seu sentido etimológico, a palavra *infante* da qual deriva infância (e seus correlatos), significa aquele que não fala, que não possui linguagem ou direito à palavra. Portanto, se a *infância* era (e ainda é) vista como a fase da vida na qual o ser humano é naturalmente incapaz para a filosofia, então não é estranho observar que desde as suas origens, a filosofia subestimou ou negligenciou a criança. Assim, o *pensar filosófico* foi durante muito tempo concebido como o resultado de um combate ininterrupto da razão contra os prejuízos (preconceitos) herdados ou adquiridos na infância,[112] ao invés de ser uma reflexão sobre o significado da infância. De acordo com a tradição filosófica, é necessário negar ou superar a infância se quisermos ser adultos racionais.

Entretanto, a ausência de uma crítica filosófica sobre os preconceitos dos filósofos acerca da infância parece ser mais eloquente que o seu próprio discurso. É somente a partir da

---

111 "Até nas crianças qualquer pessoa pode ver que, mal nascem, são logo cheias de irascibilidade, ao passo que a razão, algumas nunca a alcançam, segundo me parece, e a maioria, só mais tarde" (PLATÃO, 2001, Livro IV, 441a). Para Aristóteles (1985, Livro I, cap. 5, 1260a): "Todos possuem as várias partes da alma, mas possuem-nas diferentemente, pois o escravo não possui de forma alguma a faculdade de deliberar, enquanto a mulher a possui, mas sem autoridade plena, e a criança a tem, posto que ainda em formação". Na época moderna, pode-se encontrar concepções de infância semelhantes a essas em muitos filósofos, como, por exemplo, em Descartes (1984, art. 1, p. 51): "Como fomos crianças antes de sermos homens, e ora julgamos bem ora mal das coisas que se nos apresentaram aos sentidos, quando ainda não tínhamos inteiro uso da razão, vários juízos apressados nos impedem agora de alcançar o conhecimento da verdade [...]".

112 DESCARTES, R. *Meditações sobre a filosofia primeira*. Coimbra: Almedina, 1992, p. 105.

modernidade que encontramos filósofos (e educadores)[113] que enfrentam o problema da infância como uma questão filosófica (e educacional). Contudo, a infância, que tinha sido transformada numa questão para a filosofia, continuou a ser concebida a partir dos interesses da vida adulta. Nem mesmo Rousseau (*Emílio ou da educação*) conseguiu superar a ideia de que a infância é uma fase da vida na qual a razão se encontra adormecida. Para esse filósofo, exercitar a razão nas crianças antes da suposta *idade da razão*, seria agir contra a natureza. Por isso Rousseau propõe que a primeira educação deve ser *negativa*, isto é, deve-se deixar a criança sob a orientação, não de um mestre, mas da própria natureza. Ora, idealizada, romanceada ou naturalizada, a criança de Rousseau jamais poderia, por exemplo, fazer filosofia.

Assim, a partir da modernidade, a infância passou a ser objeto de estudo de diferentes saberes, que sob a orientação da ciência pretendem compreender não só o *problema da infância*, como também resolver o problema da educação das crianças. Nesse sentido, é necessário considerar as perspectivas teóricas, resultados e conclusões advindos, sobretudo, da pesquisa em psicologia, biologia, psicopedagogia e pediatria. Assim, em sua grande parte, os problemas de aprendizagem se transformaram em problemas biopsicológicos, isto é, assunto para cientistas (especialistas) da educação.

A educação, por sua vez, passou a ser vista mais como um problema científico que filosófico. Nesse sentido, a própria *pedagogia*[114] foi progressivamente assumindo um estatuto

---

113 Ver a esse respeito, as obras de Erasmo de Roterdam, Coménius, Locke, Rousseau, Pestalozzi, Fröebel, Herbart, Claparède, entre outras.
114 A palavra *pedagogo*, em seu sentido etimológico (primitivo), significava aquele escravo que cuidava e conduzia a criança até a escola. Só modernamente esse termo assumiu outra significação, ou seja, passou a designar o educador, o professor ou preceptor.

técnico-científico, de modo que hoje[115] nos perguntamos se existe ou não uma ciência da educação. Certamente, não é o fato de alguém ser criança que determina a capacidade filosófica ou científica de seu pensamento. Pelo contrário, podemos encontrar em adultos, vestígios ou traços de um pensamento não filosófico e não científico. Portanto, fazer depender a força de um argumento da circunstância em que se encontra o adversário, é incorrer na falácia *ad hominem*, porque condiciona a validade de um pensamento às condições subjetivas daquele que o pensou. Nesse aspecto, por exemplo, um matemático jamais poderia pensar algo relevante em política.

De acordo com Lipman, a criança é capaz de pensar filosoficamente, desde que se defina o sentido daquilo que se entende por filosofia. Ora, a filosofia não é um saber consignado em livros, não é um conjunto de teorias, sistemas ou doutrinas filosóficas, mas uma atividade investigativa, uma prática teórica, um *fazer* que se desdobra na e sobre a ação humana. Nesse sentido, a filosofia é uma atividade crítico-reflexiva que conduz o pensamento à compreensão de si e do mundo. Por isso, o *pensar filosófico* encontra-se na posição oposta ao *pensar científico*. Enquanto a ciência busca explicar a realidade mediante causas empíricas, a filosofia busca compreender o modo como o sujeito se relaciona com

---

[115] Atualmente, a pedagogia na medida em que se preocupa em circunscrever o ato de ensino e de aprendizagem aos limites da ciência experimental, acaba por sucumbir ao desejo de controle técnico e operacional do ato educacional. Ora, *o que se* ensina, o *como* e o *para que* ensinamos é, sobretudo, uma questão filosófica, antes mesmo de se constituir numa questão para a ciência. Por isso, a pretensão científica da pedagogia deve ser vista mais como um problema que como uma solução para a educação. Cabe, portanto, perguntar: O problema da educação pode ser reduzido a um problema científico? Nesse sentido, é ilustrativa a observação de Rousseau (*Emílio ou da educação*), a saber, a de que não conhecemos a infância, isto é, não sabemos o que é a infância. Tal constatação sugere que a filosofia e a educação ignoraram e, talvez, ainda ignorem como deve ser a educação das crianças.

o objeto, a fim conhecer a verdade acerca das coisas. Ou seja, a filosofia deseja compreender o sentido e as condições de possibilidade de todo conhecimento.

A observação de Lipman é a de que a educação tradicional é incapaz de educar de modo crítico e reflexivo, porque falta-lhe a *condição primeira* (e necessária) de toda verdadeira educação, a saber, o exercício filosófico do pensamento. Sem a filosofia, isto é, sem o aprendizado filosófico, não é possível esperar que as crianças e os adultos venham a aprender a pensar criticamente e a agir responsavelmente. A educação científica é necessária, porém, não é suficiente para desenvolver a capacidade crítica que a filosofia pode promover. Negar esse direito às crianças é impedi-las de ser críticas e autônomas, reflexivas e razoáveis.

Nessa perspectiva, Lipman submete à crítica tanto a *reflexão filosófica* (calcada na investigação e meditação solitária do filósofo) quanto o modelo vigente de ensino/aprendizado da filosofia voltado exclusivamente para os jovens e adultos. Para Lipman, a filosofia não é uma tarefa ou atividade solitária, mas de uma *Comunidade de Investigação*,[116] o *pensar filosófico* se realiza ou se desenvolve enquanto investigação, indagação, tradução, raciocínio, diálogo e reflexão entre os membros de uma comunidade de investigadores. A discussão filosófica depende da força do melhor argumento, do consenso racionalmente motivado. Por isso, o melhor

---

[116] Referimo-nos ao procedimento de investigação filosófica apresentado no programa *Filosofia para crianças*, criado por Lipman e seus colaboradores, os quais afirmam ser o *pensar filosófico* uma busca cooperativa e ininterrupta pelo saber. Nesse sentido, as conclusões a que se chega são sempre provisórias (passíveis de revisão) e nunca definitivas. Porém, para evitar uma recaída no relativismo e no dogmatismo epistemológico ou moral, Lipman e seus colaboradores defendem a necessidade da construção de acordos (consensos) racionalmente motivados, resultado do embate, da diferença de ideias e de valores, que tornam possível derivar tanto a verdade filosófica quanto seus os critérios. Ver a esse respeito: CHITOLINA, C.L. *A criança e a educação filosófica*. Maringá: Dental Press, 2003.

modelo de investigação filosófica é o diálogo, uma vez que transforma os proferimentos discursivos e os procedimentos deliberativos em procedimentos práticos. Entretanto, assevera Lipman (1994, p. 12), pensar é um ofício que cada um deve fazer por si mesmo, ou seja, uma tarefa indelegável ou intransferível.

Os interlocutores de uma *Comunidade de Investigação* são solicitados a seguir a investigação, a fim de poder verificar a validade lógica de suas ideias e o valor moral de suas ações. Significa dizer que o interlocutor que participa de uma investigação filosófica, pode ampliar e aprofundar a sua compreensão de mundo, aprender a questionar, formular problemas, oferecer respostas, argumentar e contra-argumentar, isto é, aprender a pensar e a agir melhor. Ou seja, a racionalidade conjugada com a razoabilidade potencializa os processos deliberativos da sociedade democrática.

O aprendizado da filosofia não é o estudo da história da filosofia, mas um *fazer* (uma prática dialógico-reflexiva) que ao retomar temas e problemas da história da filosofia permite ao aprendiz ampliar e aprofundar tanto a compreensão que ela tem de si quanto aquela que tem do mundo. Nesse sentido, Lipman sustenta que aprendizado filosófico não tem como ponto de partida a *reflexão*, visto que tal atitude implicaria conceber a filosofia como exercício meditativo do pensamento. De igual modo, com crianças também não é possível começar o exercício da filosofia pela *dúvida*, uma vez que o ato de duvidar pressupõe a fixação de crenças e preconceitos. Ora, dado que a mente das crianças parece ser menos perturbada pelos preconceitos que a dos adultos, tal tentativa poderia ser em vão. Deve-se, portanto, partir do *diálogo*[117] auxiliado pela *reflexão*, porque pelo diálogo não

---

117 É necessário reportar-se aqui ao paradoxo de Menon (80 d), ou seja, como se

só pressupomos a igualdade[118] das inteligências dos interlocutores, mas uma igualdade de condições, o que significa validar ou universalizar não apenas o conteúdo do pensamento, mas o procedimento formal da investigação.

Assim, enquanto *a filosofia da infância* busca compreender o sentido e o lugar da infância em nossa sociedade, a *educação filosófica* das crianças e dos adultos visa tornar as pessoas mais razoáveis e racionais, críticas e reflexivas. Lipman afirma existir um vínculo insuprimível (ou incindível) entre filosofia e educação. A filosofia não é uma atividade subjetiva, mas intersubjetiva. A *Comunidade de Investigação* é o lugar por excelência do pensar filosófico. Nesse sentido, Lipman (1994, p. 44) afirma que é o diálogo que gera a reflexão, que impulsiona o pensamento, que nos faz pensar, não o contrário, como pretendeu, por exemplo, Descartes em suas *Meditações*.

Portanto, se há algo na criança que desafia a filosofia e a educação, é porque ser criança significa possuir a capacidade de se surpreender, isto é, a perplexidade[119] filosófica. Na criança o desejo de saber se manifesta como interrogação radical. Se quisermos possibilitar a filosofia às crianças,

---

pode ensinar se não sabe o que se deve aprender? É possível indagar acerca daquilo que não se sabe? Como procurar por algo que ainda não sabemos o que é?

118  É necessário distinguir entre igualdade e identidade das inteligências. Embora todos os seres humanos sejam igualmente racionais ou inteligentes, disso não decorre que todos têm a mesma inteligência.

119  "A filosofia possui a maravilhosa capacidade, a coragem de *pôr as questões mais pueris*: o que é isso? Como é isso? Por que é precisamente assim? Por que deve ser assim? Que finalidade tem isso? Por que tem de ser assim? Por que não pode ser feito desse modo? Um homem que crê "saber tudo" responderá irritado às perguntas pueris: "Todos o sabem", "porque é assim e pronto", "porque todos fazem assim", "não faça tantas perguntas". [...] O filósofo *tornou-se* filósofo porque soube colocar ele próprio as perguntas pueris: por isso, ele sabe também que as sementes da filosofia devem ser lançadas nesse terreno e somente nesse. As perguntas pueris contêm dois momentos: o saber que não se sabe, a ausência de preconceitos, o questionamento dos conceitos prontos e acabados, por um lado; e, por outro, a sede de saber, de conhecimento" (HELLER, 1983, pp. 22-23).

então será necessário combater tanto o preconceito dos filósofos quanto os equívocos da teoria do desenvolvimento cognitivo de Piaget. Segundo Lipman (1994, p. 208), nada mais insensato do ponto de vista filosófico, que a aplicação educacional da teoria dos estágios de desenvolvimento cognitivo de Piaget (*O nascimento da inteligência na criança*),[120] porque ao invés de propor uma educação pela autonomia, submete as crianças aos padrões adultos de conduta moral.

Para Lipman, a *filosofia da infância* deve se constituir como crítica às teorias psicológicas do desenvolvimento cognitivo. Para os representantes dessas teorias, a criança é um ser que se movimenta entre a *imaturidade* (vida infantil) e a *maturidade* (vida adulta), por isso a educação deve prepará-las para enfrentar os desafios e os problemas da vida adulta. Lipman, por sua vez, aponta para a necessidade de se considerar a criança como um ser completo em si mesmo, independente daquilo que ela possa vir a ser. Por isso, a educação das crianças não deve estar orientada exclusivamente para os fins da vida adulta. Assim, a diferença entre adultos e crianças não é de natureza (gênero), mas de grau. A vida adulta não constitui *per se* nenhum modelo de racionalidade para as crianças, ao qual devessem aspirar. Ser criança não significa necessariamente aspirar a ser como os adultos.

Portanto, de acordo com Lipman, não há uma *propedêutica* (preparação) ou condição prévia para o aprendizado da filosofia, porque tal tese implicaria uma contradição lógica. Se assim

---

[120] Poder-se-ia perguntar: a "mente infantil" se desenvolve como pretende, por exemplo, a teoria dos estágios de Piaget? Poderíamos levantar algumas objeções à teoria piagetiana do desenvolvimento mental. Por exemplo, a de que essa teoria se funda e se apoia concebe o desenvolvimento do pensamento das crianças de acordo com a "lógica" dos adultos. Porém, numa sociedade em que as crianças fossem solicitadas a pensar abstratamente (filosoficamente) antes do estágio das operações formais, a pesquisa de Piaget poderia ser contestada. Não há razões, de acordo com Lipman, para se afirmar a proeminência do fator genético sobre o fator social e educacional no aprendizado das crianças.

fosse, seríamos forçados a perguntar acerca dos pressupostos de toda preparação e assim regressivamente ao infinito. As crianças podem fazer filosofia, assevera Lipman, porque são seres racionais, capazes de aprender. Portanto, não há razões plausíveis para se impedir as crianças de se aproximarem da filosofia. Ainda que compartilhássemos a ideia de que a filosofia é um saber de segunda ordem, isto é, fundamento e reflexão crítica dos outros saberes, então porque não se deveria possibilitar o acesso das crianças à filosofia?

Se sustentamos a ideia de que a razão filosófica não é juíza suprema, mas intérprete de si e dos outros saberes, então porque não possibilitar às crianças tanto a investigação dos problemas científicos quanto a investigação dos problemas filosóficos? Portanto, se quisermos que as crianças tenham *acesso* ao *saber filosófico*, trata-se, então, de questionar os pressupostos e a "lógica" do currículo educacional, que determinam *o que* e *quando* se deve aprender determinados conteúdos.

Para Lipman, a filosofia deve estar presente em todo percurso educacional, a fim de que seja possível a formação crítica do pensamento. Porém, como alterar o formato do atual currículo educacional que é concebido e organizado segundo a lógica cientificista, a qual impõe a redução ou a superação (supressão) da filosofia pelas ciências? Como enfrentar a ideia de que existem saberes mais importantes e saberes menos importantes em nossa sociedade? Ora, se a educação escolar está assentada sobre os modelos psicológicos de desenvolvimento cognitivo, os quais pretendem explicar como as crianças pensam, tais modelos, entretanto, não podem dizer como as crianças (e nem os adultos) deveriam pensar e agir.

Questionar as teorias psicológicas que servem de base à educação, significa suspeitar das pretensões cientificistas da educação. Derivar a pedagogia da psicologia significa conceber o problema educacional a partir do desenvolvimento cognitivo individual, ao invés de considerá-lo como uma questão filosófica, política e social. Para Lipman, não é certo que devemos ordenar cronologicamente os conteúdos curriculares segundo o princípio do concreto para o abstrato, do simples para o complexo. A criança é capaz de pensar abstratamente do mesmo modo como é capaz de pensar concretamente.[121] Segundo Lipman (1994, p. 48), é falsa e equivocada a ideia de que as crianças não são capazes de pensar filosoficamente.

Todavia, se o aprendizado da filosofia não é um processo alheio à realidade, mas uma ação educacional que deve ocorrer simultaneamente ao aprendizado das ciências e das artes, então a institucionalização da filosofia (em todos os níveis de escolarização) deve constituir-se não apenas como uma disciplina, mas como uma atividade inter(trans) disciplinar, porque o valor formativo da filosofia implica o diálogo com as ciências e as artes. Porém, isso só é possível se a filosofia tiver garantido seu espaço, seu lugar no currículo escolar. Assim, a investigação filosófica pode ser tanto alimentada por questões oriundas da realidade presente, quanto por questões postas pela história da filosofia ou por problemas suscitados pela ciência. A ideia de uma "filosofia pura" é uma *contradictio in terminis*. A filosofia e o filosofar partem da realidade presente, para alcançar através da investigação racional, a universalidade do pensamento.

Se é certo que o pensar científico deve ser crítico, porém, não é certo que pode ser reflexivo, voltar-se sobre si mesmo. As ciências são incapazes de se perguntar por seus pressupostos; por exemplo, a própria pergunta: *o que é a*

---

[121] SPLITTER, L.J.; SHARP, A. *Uma nova educação: a comunidade de investigação na sala de aula*, 1999, pp. 21-23.

*ciência?* – não é uma pergunta científica. Se um cientista se dispõe a isso, ele não faz ciência, mas filosofia da ciência. O pensar crítico que a filosofia possibilita implica pensar os próprios critérios de validação de todo pensamento.

Nessa perspectiva, Lipman afirma que as razões para se defender a possibilidade de as crianças fazerem filosofia estão apoiadas, sobretudo, na capacidade que elas têm de perguntar e de formular problemas filosóficos, isto é, problemas que não admitem solução, mas apenas respostas. Por isso, a "filosofia das crianças"[122] não é o resultado de um ato de concessão dos adultos, mas o reconhecimento de uma capacidade inerente ao exercício do pensar infantil. Ou seja, como seria possível formar indivíduos autônomos sem possibilitar o acesso aos instrumentos teóricos do pensamento filosófico desde a infância? Que razões teríamos para continuar a tutelar (moral e intelectualmente) as crianças? Por que a educação tem sido historicamente compreendida como intervenção pedagógica (ao invés de filosófica) da geração adulta sobre a geração mais nova? Por que uma criança não pode(ria) aprender a pensar melhor com outra criança?

Para a tradição filosófica e pedagógica existe uma "idade da razão", isto é, um momento determinado da vida da criança em que a racionalidade irrompe naturalmente; somente a partir desse momento a criança seria capaz de fazer uso de sua

---

[122] Entretanto, o aprendizado filosófico das crianças em nosso país está determinado, em grande medida, pelas condições históricas, políticas e sociais da infância. Vivemos numa sociedade em que alguns têm a pretensão de pensar pelos outros, dispensando-os dessa tarefa. Assistimos a um fenômeno novo, que poderíamos chamar de desaparecimento ou de "encurtamento" da infância. Os grandes meios de comunicação transformam aos poucos, crianças em pequenos adultos, isto é, crianças que se vestem, pensam e agem como se fossem adultos. O mercado parece nos dizer que se quisermos eliminar ou minimizar o desejo e a criatividade infantil, isto é, a crítica à sociedade dos adultos pelas novas gerações, então é necessário anular o poder de renovação da infância através da imposição e da imitação de padrões adultos de pensamento e de conduta. Ora, uma sociedade que nega a infância, não estaria condenada a viver aprisionada pelas estruturas do passado?

razão. Para Lipman, tal crença é um mito pedagógico, visto que pressupõe que é possível a alguém chegar ao uso da razão sem fazer uso dela. Tal concepção[123] precisa ser combatida, se quisermos educar as crianças crítica e reflexivamente. Sem filosofia não há verdadeira educação, assim como sem educação não há verdadeira filosofia. A criança é um ser dotado de razão, por isso, capaz de aprender desde muito pequena. Nesse sentido, as disposições racionais das crianças parecem sinalizar para a capacidade filosófica do pensamento infantil.

> [...] Se a principal contribuição da criança ao processo educacional é seu caráter questionador, e se a filosofia é caracteristicamente uma disciplina que levanta questões, então a filosofia e as crianças parecem ser aliadas naturais. (LIPMAN, 1994, p. 50)[124]

Ora, a curiosidade, a perplexidade e o desejo de saber que se expressam através da interrogação, das insistentes e persistentes perguntas, são evidências de que as crianças pensam e desejam compreender o mundo filosoficamente.

Ao recusar a pretensa superioridade epistemológica da "razão adulta" e postular a possibilidade de uma educação filosófica das crianças, Lipman, certamente, introduz uma nova questão tanto para a filosofia quanto para a educação. Por isso, afirma que se a filosofia não tiver uma capacidade

---

[123] Afirma Lipman (1994, p. 208): "A pressuposição de que a criança é incapaz de raciocinar, de ter um comportamento guiado por princípios, anula a possibilidade de tratá-la como um ser moral e, portanto, destrói também qualquer possibilidade de esse tratamento ser moral ou educativo".

[124] "Mas quando a criança começa a raciocinar filosoficamente? [...] As crianças começam a pensar filosoficamente quando começam a perguntar por quê. [...] Normalmente atribuem-se duas funções principais a essa pergunta. A primeira é descobrir uma explicação causal, e a segunda é determinar uma finalidade. [...] A criança pergunta 'por quê?', desde muito pequena, e, portanto, podemos considerar que está desde cedo envolvida num comportamento filosófico. Na verdade, a criança é tão persistente nisso que, em comparação com a falta de curiosidade característica do adulto, somos tentados a dizer que o comportamento filosófico de uma pessoa vai diminuindo com a idade" (LIPMAN, 1994, pp. 87, 88).

formativa, ela se degenera em antifilosofia. Porém, não existe filosofia sem o aprendizado da filosofia. Todo verdadeiro filósofo é, por definição, um educador, porque concebe o homem a partir daquilo que ele é, em vista do que ele deve ser.

Assim, a educação do homem é o maior e o mais urgente problema filosófico. Ora, tal questão implica repensar não apenas os pressupostos, mas os meios e os fins da filosofia. Assim, a suspeita de Lipman lançada contra a "razão adulta" aparece em nossa análise como o aspecto central de sua crítica à tradição filosófica. Trata-se, para Lipman, de recusar tanto a ideia ou as representações da infância quanto os princípios e o estatuto filosófico da racionalidade adulta que normatiza(ra)m o exercício da filosofia até hoje. Dito de outro modo, se quisermos renovar a metodologia e o sentido da prática filosófica, então será necessário aprender a lição das crianças.

A tentativa de Lipman não é apenas inovadora, mas crítica do *establisment* filosófico. Lipman nos permite pensar o que permaneceu *impensado* ou ocultado na história da filosofia: a exclusão da filosofia na educação infantil. A proposta de Lipman trata, portanto, das implicações filosóficas, pedagógicas e metodológicas da *aprendizagem filosófica*; põe em questão a validade do *modelo educacional* vigente, centrado mais na apropriação do conhecimento que na aprendizagem do pensamento. Pode servir, portanto, como instrumento de análise dos problemas que afligem o *ensino de filosofia* em nosso país; pode desafiar as convicções pedagógicas sustentadas pela tradição filosófica e educacional que concebem instrumentalmente a infância.

Para muitos filósofos e educadores, as crianças possuem tão somente o "germe da razão", por isso, estão submetidas ao desregramento e ao descontrole das paixões e dos instintos. Nesse sentido, a educação deve começar com a educação do corpo, para quando, enfim, chegar a "idade da razão", fossem desenvolvidas nela as capacidades e as faculdades intelectuais. Concebida negativamente, a infância era um período de "adormecimento da razão" e de completa dependência dos adultos, seus tutores.

Ora, para essa tradição pedagógica e filosófica, o *saber filosófico* é inacessível às crianças, porque a filosofia é uma ocupação de homens adultos. Entretanto, essa crença sofreu o seu maior abalo a partir do pensamento de Lipman, que criticou veementemente tanto a tradição filosófica quanto a tradição pedagógica pela cumplicidade histórica na sustentação desse equívoco educacional. Para este filósofo, não existe uma "dotação genética" para a filosofia. Ou seja, se ninguém nasce filósofo, então temos que aprender a pensar filosoficamente. Porém, todos os seres humanos podem *aprender a pensar* de acordo com os critérios, as exigências e o rigor da filosofia, se forem educados para isso. Por isso, a crítica de Lipman é, sobretudo, uma crítica da *razão adulta,* que concebe a criança como um ser pré-filosófico (pré-racional), desprovido de experiência e das condições do exercício filosófico do pensamento. O autor põe em questão o problema central da *educação infantil,* propondo a necessidade de uma *educação filosófica,* capaz de ensinar as crianças a pensar não apenas cientificamente, mas filosoficamente. Trata-se, portanto, de assegurar uma educação capaz de formar pela e para a *autonomia.*

Certamente, para que a nossa questão possa se impor como relevante e pertinente à *reflexão filosófica* contemporânea, será necessário derrotar e superar não só os preconceitos contra a filosofia, mas também os preconceitos dos filósofos. Por isso, o argumento que pretende nos dissuadir de que uma criança não pode aprender a pensar filosoficamente, pura e simplesmente, porque é uma criança, é falacioso – uma maneira artificiosa de pensar, a fim de nos persuadir.

*Para ler e escrever textos filosóficos*

Como sabemos, a *cientificização* da educação ocorrida a partir dos tempos modernos trouxe como consequência, a substituição do *educador* pelo *pedagogo* (tutor), provocando, assim, a supressão ou a restrição do papel educacional da filosofia e do filósofo. Ao importar do interior das teorias psicológicas princípios e conceitos sobre o desenvolvimento mental e moral da criança, a educação foi vítima de um preconceito que durante muito tempo serviu para legitimar o divórcio entre filosofia e educação. Nesse aspecto, Lipman propõe uma *educação pela filosofia*, capaz de contribuir para reduzir os prejuízos de uma educação fragmentada (e fragmentadora) através da formação crítica e reflexiva. Porém, ao estabelecer uma ruptura com a tradição filosófica, Lipman desafia tanto a "lógica explicativa" do ensino da filosofia que se movimenta da exposição da *teoria* (tese filosófica) para o *problema filosófico*, quanto o preconceito dos filósofos acerca da infância. Para muitos educadores e filósofos, defensores dessa posição, a criança não tem nem o interesse nem a seriedade que convém ao filósofo, porque espera-se dela (da criança) que brinque e não que filosofe.

Por outro lado, a expressão "ensinar filosofia" encerra um *problema conceitual*. Se, etimologicamente, *ensinar (in + signare)* significava gravar um sinal, representado pelo ato de imprimir um signo ou significado na alma do discípulo, no decurso do tempo, o termo ensinar adquiriu novos e diferentes significados. Em nossa época, o termo quer significar a ação pedagógica do professor, cujo fim é fazer o aluno aprender. Ou seja, o ato de ensinar adquiriu o sentido de ação pedagógica circunscrita à sala de aula, lugar onde se desenvolve a aprendizagem.

## Considerações finais

Saber ler é possuir a chave de acesso à cultura letrada e ao conhecimento historicamente acumulado pela humanidade. Saber ler e escrever textos filosóficos tornou-se imprescindível, na medida em que o acesso à tradição filosófica (ao pensamento dos filósofos) constitui um elemento fundamental da formação filosófica. Ou seja, o *discurso filosófico* converteu-se em texto escrito. Nesse sentido, os próprios filósofos necessitam erigir uma gramática filosófica, se quiserem reinventar a filosofia e obter reconhecimento no interior das instituições de ensino e pesquisa. A vida acadêmica (institucional) exige o registro escrito do pensamento. A escrita é, portanto, não só um instrumento de comunicação, mas um instrumento (meio) de produção do pensamento filosófico.

Se o pensamento (como quer Platão) perde sua força e vitalidade com a escrita, para Ricoeur, ao contrário, é a escrita que devolve a vida e confere sobrevivência ao pensamento. O texto traduzido permite que o autor seja conhecido para além de seu tempo, de sua época e cultura. A escrita leva o autor a novos leitores. A tradução é um ato de hospitalidade, de acolhida do estrangeiro em sua própria língua. O texto escrito dá origem ao leitor, que é o virtual interlocutor do autor. O leitor é, nesse sentido, o outro (o estrangeiro). Dito de outro modo, a escrita refaz ou reproduz em outro plano a relação dialógica que existe entre os interlocutores reais (falante e ouvinte).

Como vimos, a leitura e a escrita filosóficas implicam o exercício crítico do pensamento. Por isso, diferentemente da leitura informativa, a leitura filosófica é lenta, vagarosa. É necessária a meditação, o exercício do silêncio meditativo, isto é, a reflexão que é o retorno do pensamento sobre si mesmo. Não é possível avançar no pensamento sem empreender um retorno no pensamento, sem retomar ideias e argumentos anteriores. É no movimento de ida e volta do pensamento que a leitura filosófica se efetiva. Ler filosoficamente implica reler, assim como escrever filosoficamente implica reescrever o pensamento. Por isso, o texto filosófico é um texto inacabado, em construção, passível de alterações, avaliações e correções.

A arte da ruminação, a qual Nietzsche (1983, p. 16) se refere, diz respeito à falta de hábito de reflexão. É necessário repensar, pensar cuidadosa e vagarosamente, se quisermos pensar filosoficamente. Só pensamos bem quando consideramos todos os aspectos, pressupostos e implicações de uma questão. Assim como o alimento mal mastigado será mal digerido (absorvido) pelo organismo, também uma ideia mal compreendida será mal assimilada pelo pensamento.

O pensamento não nasce pronto e acabado. Ao contrário, requer um longo tempo de desenvolvimento e maturação. Porém, o tempo do pensamento não é o tempo da produção material. É preciso aprender experimentar e escutar o próprio silêncio. De modo semelhante àquilo que ocorre na agricultura, há um tempo próprio para o pensamento; um tempo para a semeadura, nascimento, crescimento e colheita. A escrita é, nesse sentido, um poderoso e privilegiado instrumento de *amadurecimento – desenvolvimento – do pensamento*. Escrever é explicar (desdobrar) o pensamento;

é desenvolvê-lo, a fim de atingir sua maturidade. O ato de escrever é um ato filosófico, por duas razões: porque através dele o pensamento pode ensaiar-se, germinar e se desenvolver; através dele podemos compreender e explicar, isto é, dar a compreender o próprio pensamento.

A leitura não é necessariamente filosófica porque lemos textos filosóficos. O que torna filosófica a leitura não é *aquilo que lemos*, mas *o que lemos*, ao lermos determinados textos. Na leitura filosófica busca-se o *sentido* aparentemente oculto do texto, aquilo que não se deixa apreender à primeira vista. Pode-se ler filosoficamente textos literários e científicos, assim como ler textos filosóficos de modo não filosófico, ou seja, ler textos filosóficos não é o mesmo que ler filosoficamente. A leitura é filosófica quando lemos para pensar (exercitar criticamente o pensamento) e não quando lemos para deixar (ou nos dispensar de pensar). Na leitura filosófica está presente a interrogação radical, o desejo de compreender(-se), a atitude de interpelação do leitor pelo autor e vice-versa, a investigação dos pressupostos de todo pensamento.

O *ato de ler* converte-se em *ato filosófico* quando o pensamento busca compreender o que não está dado de antemão – aquilo que só se revela na análise e investigação dos conceitos, problemas e argumentos do texto. Ler filosoficamente é compreender não só o que foi dito, mas o que não foi dito – aquilo que poderia ter sido dito. Em filosofia, não se lê para se informar (se instruir), mas para formar e desenvolver o próprio pensamento. O objetivo da leitura filosófica não é tanto saber o que os filósofos pensaram, mas aprender a pensar por si mesmo em contraposição ao que foi pensado.

Do ponto de vista do leitor, o texto filosófico não constitui um fim em si mesmo. É um *meio* a partir do qual é possível experimentar o pensamento alheio, pensar o que outros pensaram. Contudo, na leitura filosófica o que está em questão não é o assentimento do leitor sobre as teses do autor, mas o questionamento do leitor sobre o autor, a fim de expor os limites do texto e suas possibilidades de pensamento. Daí que ler filosoficamente não é um ato de simples assimilação de outros pensamentos. É o ato pelo qual o pensamento consolida sua identidade (e diferença) em contraposição a outros pensamentos. Filósofo e leitor filosófico visam objetivos diferentes sobre o mesmo texto. Ao escrever, o filósofo pretende produzir e expor seu pensamento, enquanto que o leitor filosófico pretende aprender a filosofar.

A escrita desempenha dupla função no aprendizado da filosofia:

> a) é uma *técnica*, visto que funciona como um meio ou instrumento de produção (e de desenvolvimento) do pensamento na medida em que é um dispositivo de organização das ideias. Nesse sentido, importa dizer muito com poucas palavras. A validade das ideias é regida por critérios lógicos. No texto escrito é possível visualizar não só o que pensamos, mas o que falta pensar. O *espaço* sobre o qual dispomos as ideias contém em si mesmo a noção de sequência, uma vez que a linha indica o movimento de progressão do pensamento. Por isso, ao escrever, temos a impressão que estamos desfiando (desenrolando) ideias que antes se encontravam desordenadas (fora de ordem). Ou seja, a escrita impõe uma ordem de exposição às ideias, a qual coincide (em filosofia) com a ordem de sua produção. Dito de outro modo, a linguagem escrita materializa o pensamento; dá-lhe existência. Nesse sentido, escrever é pensar, porque o ato de pensar se dá como texto escrito, dando origem ao autor;
>
> b) é uma *arte*, porque consiste em expressar ou comunicar o pensamento. Por isso, o estilo literário e de pensamento

confere originalidade ao autor.[125] É pela escrita que o autor pode fazer-se compreender, dizer o que pensa. Ou seja, pela escrita o autor nos dá o seu pensamento na medida em que pensamos. Enquanto expressão ou exteriorização do pensamento, a escrita é um texto para ser lido, dando origem ao leitor. É sua função estabelecer um diálogo entre autor e leitor.

Ora, o filósofo é, por definição, um *espírito livre*. Mesmo quando há falta de liberdade (de expressão) de pensamento, o filósofo é aquele que ousa pensar livremente. Porém, numa época em que tudo é convertido em mercadoria (bem utilitário), a prática da filosofia parece não ter mais sentido nem valor. Valoriza-se o pensamento técnico-operacional (o *saber fazer*). Assim, algo só adquire valor se tiver *utilidade imediata*. Entretanto, o desprezo pela filosofia constitui por si só um motivo para se filosofar. A filosofia não é um saber técnico-operacional, porque consiste em pensar aquilo que está além das necessidades imediatas. O homem comum é incapaz de filosofar porque está preso às necessidades imediatas. Trata-se, portanto, de interrogar a filosofia acerca das condições subjetivas e objetivas de sua transmissão e aprendizado. É muito frequente ouvir em nosso tempo a pergunta perturbadora: *para que serve a filosofia?* À primeira vista, poderíamos supor que tal pergunta é legítima, porque deseja simplesmente saber qual é a *utilidade* da filosofia. Entretanto, a pergunta pela utilidade da filosofia denuncia aquele que pergunta. Querer saber o que se pode fazer com a filosofia deixa denotar uma intenção oculta acerca da filosofia, ou seja, se é possível instrumentalizá-la, convertê-la em meio a serviço de um fim.

---

[125] SCHOPENHAUER, A. *A arte de escrever*. Porto Alegre: L&PM, 2007, §11, p. 79. "O estilo é a fisionomia do espírito".

Se entendermos que o lugar e a condição do filósofo em nossa sociedade dependem (quase que exclusivamente) das instituições de ensino, então, o filósofo (aquele que dá origem à filosofia) precisa deixar de existir para poder existir o professor (aquele que ensina filosofia), visto que, a liberdade de pensamento de que o filósofo necessita não pode ser encontrada nas instituições de ensino. Por outro lado, se consideramos que as instituições de ensino são a expressão das contradições sociais, então, a neutralidade do pensamento do professor de filosofia é impossível. Portanto, não se pode separar o filósofo do professor de filosofia; ou seja, os professores de filosofia serão bons ou maus filósofos.

Em nossa época, a "domesticação do pensamento" impede a emergência da crítica, por isso, a filosofia é imprescindível. Ou seja, o valor da filosofia não é econômico, mas formativo. O aprendizado da filosofia não se efetiva sem um procedimento pedagógico capaz de despertar e exercitar no aluno a autonomia intelectual e a capacidade de refletir criteriosamente sobre a realidade. A sociedade em que vivemos é determinada pelos valores de mercado, pela ciência e pela técnica. Nesse sentido, a busca por profissões prestigiadas e rentáveis parece fazer desaparecer o interesse e a necessidade da filosofia. Entretanto, ao invés de saber *para que serve a filosofia* deveríamos perguntar: *por que filosofar?* Ora, é o caráter não instrumental da filosofia que lhe possibilita o exercício da crítica das ideologias. Sócrates nos ensinou que a filosofia não é tanto um saber, mas uma forma de se relacionar com o saber, visto que o pensar filosófico implica um questionamento permanente sobre aquilo que julgamos (supomos) saber. Assim, questionar de modo radical é ofício do filósofo. Desde os gregos, aprendemos que os homens filosofavam para fugir à ignorância. Fugir da ignorância significa saber justificar racionalmente nossas crenças.

Diz-se, portanto, que a filosofia é um saber inútil porque não tem valor econômico. Entretanto, se a filosofia é inútil é porque não está a serviço de nenhum outro interesse, senão da verdade. Em outros termos, a filosofia não é um bem de utilidade imediata, não é algo com o qual podemos fazer outras coisas. Com a filosofia não se constrói prédios nem estradas; com a filosofia não se pode curar doenças do corpo nem alterar os índices econômicos. Contudo, a filosofia tem *valor formativo* (uma utilidade mediata). A filosofia é mais útil para nos ensinar a viver que para ganhar *a vida* (dinheiro). Afinal, de que adiantaria ter uma soma considerável de bens materiais se não soubéssemos viver? Portanto, a pergunta correta é: *o que a filosofia pode fazer com quem dela se aproxima?* Ora, se pela filosofia é possível tornar-se mais crítico e criativo, mais justo e sensato, mais criterioso e reflexivo, então, não seria a filosofia o mais útil[126] dos saberes?

Escrever filosofia é aprender a reescrever o próprio pensamento. O exercício filosófico diz respeito à aquisição e ao desenvolvimento da capacidade crítico-reflexiva do pensamento. Ora, o aprendizado da filosofia não é o resultado de um acúmulo de informações acerca dos filósofos, mas o desenvolvimento da capacidade de análise e de julgamento crítico-reflexivo. Por isso, aprender a pensar implica fazer tentativas, iniciar-se no árduo trabalho do pensamento. Ora, isso só é possível se aprendermos a corrigir o próprio pensamento. Nesse sentido, não se deve confundir a *formação filosófica* com a *erudição* e com o *ecletismo*. Tanto a *erudição* quanto o *ecletismo* significam a renúncia ao filosofar. O *erudito* pode ser um conhecedor (comentador) de filósofos, mas não pode chegar a ser um filósofo. Para ser um filósofo é necessário ter o vigor dos filósofos, a capacidade e a coragem de pensar por si mesmo.

---

126 CHAUÍ, M. *Convite à filosofia*. São Paulo: Ática, 2003, p. 24.

A erudição não é um conhecimento que conduz à *reflexão filosófica*, mas à compreensão e à explicação do pensamento alheio. Enquanto o erudito conhece filosofia (o pensamento dos filósofos), mas não é um filósofo, o *eclético*, não conhece sequer filosofia (porque possui apenas uma visão fragmentada e simplificada das filosofias). Se o filósofo pode ter erudição, entretanto, ele não pode ser um erudito. O filósofo se distingue do erudito, porque considera as ideias de outros filósofos como um *meio* e não como um *fim* para o seu pensamento; alia à compreensão, o exercício da interpretação crítica, por isso, é seu dever ultrapassar o pensamento dos outros filósofos.

Portanto, o aprendizado filosófico não se efetiva, isto é, não se realiza como conhecimento do pensamento dos filósofos, mas como exercício do próprio pensamento. A autonomia é uma virtude do *pensar filosófico,* na medida em que o pensamento é capaz de determinar-se a si mesmo. Porém, não pode haver autonomia onde não há liberdade de pensamento, isto é, onde não se exercita a autonomia do pensamento. Nesse aspecto, não há filosofia que possa ser ensinada, porque não é possível dizer como se deve filosofar. Não existem métodos de aprendizado filosófico. O filosofar é mais fruto do exercício crítico e criativo do pensamento do que do aprendizado de regras fixas e infalíveis.

Diferentemente do cientista, que concebe o conhecimento como um processo cumulativo (que progride por acumulação), o filósofo terá que reinventar, refazer ou recriar a filosofia. Se é uma prática comum entre os cientistas retomar e dar continuidade ao trabalho dos cientistas anteriores, entre os filósofos, via de regra, ocorre o contrário; é necessário romper com as filosofias anteriores, a fim de dar origem a uma nova filosofia. Por essa razão, se diz que não há progresso na filosofia, mas sucessão de filosofias. Embora existam métodos de ensino de filosofia, não existem, porém, métodos de aprendizagem filosófica. A "lógica" da aprendizagem não é a mesma do ensino. Como nos adverte Santo Agostinho[127] (*De magistro*), o ensino e a aprendizagem não são processos recíprocos, embora possam estar relacionados. Assim, se o mestre ensina, disso não se segue que o discípulo aprende. Portanto, se aprender a filosofar significa aprender a *pensar por si mesmo,* então é necessário romper com toda tutela ou dependência. O pensamento filosófico se caracteriza pela liberdade, pela independência frente às determinações imediatas da vida. Sem liberdade de pensamento, a filosofia degenera-se em ideologia, instrumento de dominação e de submissão.

A concepção instrumentalista da filosofia é sempre perniciosa, porque nega a liberdade de pensamento, transforma a filosofia num instrumento de justificação ideológica. Por exemplo, a instrumentalização[128] política ou religiosa retira da filosofia seu poder de crítica e de resistência. Subordinar a filosofia a um outro sistema de pensamento, é submeter a filosofia aos interesses alheios e estranhos à própria filosofia. Ora, o filósofo (como nos diz Platão na *Apologia de Sócrates*) é aquele que tem coragem de dizer a verdade, prefere deixar de viver a deixar de filosofar (pensar reflexivamente). Em outros termos, um pensamento que não pode ser examinado não merece ser pensado. Portanto, para que haja autêntico exercício do pensamento filosófico, a liberdade e a crítica são imprescindíveis. É necessário assegurar a *integridade da filosofia* e de seu aprendizado, a fim de impedir a subtração ou a descaracterização de seus problemas, conceitos e argumentos.

---

127 Ver a este respeito, CHITOLINA, C.L. A teoria agostiniana da linguagem. In: PIRATELI, M.R. *Ensaios sobre Agostinho de Hipona*: história, música, filosofia e educação. Maringá: Eduem, 2014, pp. 107-131.
128 Poderíamos citar entre outros exemplos, a subordinação da filosofia aos interesses teológicos (religiosos) durante a Idade Média, assim como o uso instrumental do pensamento marxiano na antiga União Soviética.

O uso político ou ideológico da filosofia representa a morte da própria filosofia. Assim, se um Estado determina uma filosofia a ser ensinada, então o que se ensina já não é mais filosofia. A "filosofia oficial" implica a transformação do filósofo em técnico ou funcionário político. Essa condição é perniciosa tanto à filosofia quanto à sociedade, porque representa uma restrição ao pensamento. O saber filosófico não tem *utilidade* para aqueles que detêm o poder, isto é, para aqueles que dominam e submetem. Pelo contrário, a utilidade da filosofia está no fato de ser a instância crítica do poder instituído.

Portanto, para ser filósofo, há que se produzir filosofia. A filosofia é um lugar de permanência (e não de passagem), por isso, não pode reduzir-se a um curso ou a uma disciplina. Contudo, permanecer na filosofia significa ser deixar-se interpelar por ela; é ser capaz de escutar o apelo que brota do pensamento filosófico. Ora, tal atitude pressupõe uma disposição permanente para a crítica, o gosto pela reflexão e o desejo de aprender (saber). É nesse sentido que se pode dizer que o aprendizado filosófico requer tempo, o tempo de ruminação.

# APÊNDICE

## *Exercícios de compreensão*

**1)** A aprendizagem é um processo que implica a capacidade *de ler e escrever textos.* Para muitos educadores, aprender significa descobrir por si mesmo a verdade das coisas. Porém, nosso pensamento não começa no marco zero, ou seja, sempre pensamos a partir de outros pensamentos. Por isso, é necessário saber ler para saber o que os outros seres humanos criaram, inventaram a fim de saber o que falta inventar. De um modo geral podemos dividir a pesquisa basicamente em três diferentes tipos: a) pesquisa teórica – pura, básica ou fundamental. É a pesquisa que se faz através da leitura; b) pesquisa de campo – é a pesquisa aplicada a determinados fenômenos sociais em que o observador colhe informações pela observação espontânea do fenômeno que visa estudar; c) pesquisa laboratorial ou experimental – é a pesquisa que produz ou reproduz artificialmente o fenômeno que se pretende estudar. Ora, apesar da diferença de natureza e de métodos, a *leitura é a primeira e mais fundamental atividade de pesquisa*, ou seja, é a condição para o desenvolvimento de qualquer pesquisa.

A leitura é a principal fonte de informação de que dispomos atualmente. Por essa razão, saber ler, analisar e interpretar textos (livros, jornais, revistas, relatórios, tabelas, gráficos, imagens etc.) tornou-se decisivo no processo de aprendizagem. Nas sociedades modernas a leitura passou a ser a senha de acesso à cultura. Ou seja, saber ler é condição necessária para ingressar no mundo da cultura. Contudo, sabemos que a *atividade de leitura* requer determinadas habilidades de pensamento que nem sempre os pretensos leitores têm à sua disposição.

Numa sociedade dominada e marcada pela presença da tecnologia dos meios de comunicação visual e sonora, o *texto escrito* nem sempre suscita o interesse e a atenção dos leitores. Por outro lado, o grande volume de informações (jornais, revistas, televisão, rádio, internet etc.) de que dispomos hoje, nos obriga a selecionar e classificar os textos que lemos. Assim como existem diferentes tipos de textos, também existem diferentes tipos de leitura e níveis de compreensão/interpretação de um texto. O bom leitor, portanto, é aquele que sabe não apenas ler, mas distinguir e selecionar o que lê. De acordo com o enunciado acima, é possível afirmar que:

I – O *texto* é um todo coerente, em que se percebe uma unidade de pensamento entre as diferentes partes que o constitui. Por isso, frases soltas ou sem nexo não formam um texto. Daí que o *bom leitor* é aquele que sabe ler ideias, perseguir ou acompanhar o movimento de pensamento que o autor introduz no texto. Por isso, saber ler não é simplesmente decodificar letras ou palavras, mas captar ou compreender o sentido daquilo que está escrito;

II – O *texto dissertativo* é aquele em que encontramos argumentos, posicionamentos teóricos do autor acerca de uma tese ou de uma ideia. Portanto, dissertar implica expor e explicar de forma lógica e coerente um conjunto de raciocínios, a fim de defender uma ideia. Logo, o texto dissertativo não é fundamental nem relevante para a pesquisa científica ou filosófica;

III – A *leitura formativa* visa forjar e desenvolver o caráter, criar e desenvolver hábitos e habilidades de pensamento no leitor. Compreender, analisar, sintetizar, criticar e aplicar conceitos constituem as habilidades de pensamento que envolvem a prática da leitura formativa. Portanto, pela leitura formativa ampliamos nossa visão de mundo (nossos horizontes de compreensão), tornamo-nos mais críticos, mais coerentes e reflexivos. De modo diferente da leitura informativa, a qual tem por objetivo apenas a aquisição de informações, a leitura formativa possibilita a aquisição e o desenvolvimento do conhecimento;

IV – O texto é um todo estratificado em que é possível identificar e distinguir as camadas mais superficiais das mais profundas de significado. A *análise temática* é uma técnica de leitura que permite ao leitor *compreender* o que lê, ou seja, aquilo que o autor quis dizer. Por essa razão, o leitor, ao realizar a análise temática é reconduzido a um nível de profundidade tal que a sua preocupação é a de saber qual é a tese do autor e seus argumentos de defesa;

V – A *análise interpretativa* implica uma leitura mais aprofundada do texto, a fim de descobrir seus pressupostos, evidenciar suas lacunas, seus limites e contradições. Trata-se de questionar o autor, seus argumentos, seus pontos de vista, suas ideias e seus valores. Nesse sentido, o leitor cumpre um papel puramente passivo frente ao autor, por isso, a leitura interpretativa não é considerada uma leitura crítica.

São corretas as seguintes alternativas:

(A) I, III, IV.
(B) I, III, IV, V.

(C) II, III, IV.
(D) I, II, IV.
(E) IV, V.

**2)** "[...] No Egito, houve um velho deus deste país, deus a quem é consagrada a ave que chamam íbis, e a quem chamavam Thoth. Dizem que foi ele quem inventou os números e o cálculo, a geometria e a astronomia, bem como o jogo das damas e dos dados e, finalmente, fica sabendo, os caracteres gráficos (escrita). Nesse tempo, o Egito era governado por Tamuz, que residia no sul do país, numa grande cidade que os gregos designam por Tebas do Egito, onde aquele deus era conhecido pelo nome de Amon. Thoth encontrou-se com o monarca a quem mostrou as suas artes, dizendo que era necessário dá-las a conhecer a todos os egípcios. Mas o monarca quis saber a utilidade de cada uma das artes e, enquanto o inventor as explicava, o monarca elogiava ou censurava, consoante as artes lhe pareciam boas ou más. Foram muitas, diz a lenda, as considerações que sobre cada arte Tamuz fez a Thoth, quer condenando, quer elogiando, e seria prolixo enumerar todas aquelas considerações. Mas, quando chegou a vez da invenção da escrita, exclamou Thoth: 'Eis, oh Rei, uma arte que tornará os egípcios mais sábios e os ajudará a *fortalecer a memória*, pois com a escrita descobri o remédio para a memória'. – 'Oh, Thoth! Mestre incomparável, uma coisa é inventar uma arte, outra julgar os benefícios ou prejuízos que dela advirão para os outros! Tu, neste momento e como inventor da escrita, espera dela, e com entusiasmo, todo o contrário do que ela pode vir a fazer! Ela *tornará os homens mais esquecidos*, pois que, sabendo escrever, deixarão de exercitar a memória, confiando apenas nas escrituras, e só se lembrarão de um assunto por força de motivos exteriores, por meio de sinais e não dos assuntos em si mesmos.

Por isso, *não inventaste um remédio para a memória, mas sim para a rememoração*. Quanto à transmissão do ensino, transmites aos teus alunos, não a sabedoria em si mesma, mas apenas uma aparência de sabedoria, pois passarão a receber uma grande soma de informações sem a respectiva educação!'. [...] O maior inconveniente da escrita parece-se, caro Fedro, se bem julgo, com a pintura. As figuras pintadas têm atitudes de seres vivos, mas se alguém as interrogar, manter-se-ão silenciosas, o mesmo acontecendo com os discursos: falam das coisas como se essas estivessem vivas, mas se alguém os interroga, no intuito de obter um esclarecimento, limitam-se a repetir sempre a mesma coisa. Mais: uma vez escrito, um discurso chega a toda parte, tanto aos que o entendem como aos que não podem compreendê-lo e, assim, nunca se chega a saber a quem serve e a quem não serve. Quando é menoscabado, ou justamente censurado, tem sempre necessidade da ajuda do seu autor, pois *não é capaz de se defender* nem de se proteger a si mesmo" (PLATÃO. *Fedro*, 274c-275b, d-e).

I – A oralidade é superior à escrita, porque a filosofia implica encontro e confronto de ideias, onde deve ser possível perguntar, responder, esclarecer e defender-se das falsas interpretações;

II – A escrita representa a morte (a imobilização) do pensamento. Na escrita o autor se torna ausente do texto, tornando impossível a renovação, as retificações e as correções do pensamento;

III – Se comparadas entre si, a oralidade é superior à escrita, mas quando as comparamos com o pensamento, tanto a oralidade quanto a escrita são inferiores, porque são formas diferentes de linguagem, meios através dos quais o pensamento se expressa e se manifesta. O verdadeiro aprendizado não se dá pela escrita nem pela oralidade, é um processo de inscrição (da verdade, do belo e do bom) na alma do aprendiz;

IV – A escrita representa uma dupla traição ao autor. a) não pode conter ou abarcar todo o seu pensamento, ou seja, tudo o que se pensa; b) escapa ao domínio do autor e pode cair nas mãos de qualquer leitor, por isso, está sujeito às falsas interpretações;

V – A função da escrita é conservar/preservar o pensamento de seu desaparecimento ou destruição. Por exemplo, como poderíamos conhecer a filosofia de Platão se ele não tivesse deixado ou registrado por escrito o seu pensamento? Portanto, ao invés de representar a morte do pensamento, a escrita representa a sobrevivência do pensamento ao longo do tempo.

São corretas as seguintes alternativas:

(A) II, III, V.
(B) I, II, IV.
(C) I, II, III, IV.
(D) IV, V.
(E) III, V.

**3)** "O que ocorre com o discurso quando ele passa da fala à escrita? À primeira vista, a escrita parece introduzir apenas um fator puramente exterior e material: a fixação, que coloca o evento do discurso ao abrigo da destruição. Na realidade, a fixação não passa da aparência externa de um problema singularmente mais importante concernindo a todas as

propriedades do discurso que enumeramos anteriormente. Em primeiro lugar, a escrita torna o texto autônomo relativamente à intenção do autor. O que o texto significa, não coincide mais com aquilo que o autor quis dizer. Significação verbal, vale dizer, textual, e significação mental, ou seja, psicológica, são doravante destinos diferentes. [...] o resultado é que a relação entre escrever e ler não é mais um caso particular da relação entre falar e ouvir. [...] Essa *autonomia do texto* tem uma primeira consequência hermenêutica importante: o distanciamento não é o produto da metodologia e, a esse título, algo de acrescentado e de parasitário. Ele é constitutivo do fenômeno da escrita; ao mesmo tempo é condição de interpretação; [...] Em toda proposição podemos distinguir, com Frege, seu sentido e sua referência. Seu sentido é o objeto real que visa; esse sentido é puramente imanente ao discurso. Sua referência é seu valor de verdade, sua pretensão de atingir a realidade. Por esse caráter, o discurso se opõe à língua, que não possui relação com a realidade, as palavras remetendo a outras palavras na ronda infindável do dicionário. Somente o discurso, dizíamos, visa às coisas, aplica-se à realidade, exprime o mundo. [...] O que ocorre com a referência quando o discurso se torna texto? [...] No discurso oral, o problema se resolve, enfim, na função ostensiva do discurso. Em outros termos, a referência se resolve no poder de mostrar uma realidade comum aos interlocutores; [...] *com a escrita*, as coisas já começam a mudar. Não há mais, com efeito, situação comum ao escritor e ao leitor. [...] Compreender é compreender-se diante do texto" (RICOEUR, P. *Interpretação e ideologias*. Rio de Janeiro: Francisco Alves, 1988, pp. 53, 55, 58). De acordo com o enunciado, é possível afirmar que:

I – O sentido não está por *detrás* do texto, mas *diante* do texto; não é o resultado de uma imposição do leitor, mas de

219

sua exposição diante da obra, a fim de saber o que ela revela ou pode revelar (suas possibilidades). O texto é um lugar dialético; é o lugar do acontecimento do discurso e de sua significação, é um lugar de confronto (conflito), de compreensão e de interpretação, no qual autor e leitor se compreendem compreendendo-se. Ou seja, através do texto autor e leitor se dão a conhecer, produzem e reproduzem significados;

II – A hermenêutica é interpretação orientada para os textos, uma vez que os textos são exemplos da linguagem escrita, onde se dá o distanciamento e a apropriação do sentido;

III – Escrever e ler não são ações análogas a falar e ouvir, porque são ações que se situam em tempos e em condições diferentes. Para Ricoeur, ler é descobrir o que o autor quis dizer (sua intenção) quando escreveu a sua obra. Por isso, o leitor deve colocar-se diante da obra como alguém que vai investigar o sentido que está por detrás das palavras. Ou seja, o leitor deve manter-se passivo diante do texto a fim de não adulterá-lo;

IV – A escrita estabelece um distanciamento entre leitor e autor, o que torna possível a literatura. Portanto, a apropriação é uma proposição do leitor frente ao texto, é compreensão na e pela distância;

V – Compreender um texto é seguir o movimento do sentido (o que diz) à referência (sobre o que fala). Portanto, ler é um ato mediante o qual se realizam as possibilidades semânticas do texto. Ou seja, a realização da língua pelo discurso torna possível a atualização do sentido.

São corretas as seguintes alternativas:

(A) I, II, IV.
(B) I, II, IV, V.
(C) III, IV, V.
(D) I, II, IV, V.
(E) I, V.

**4)** As palavras *texto* e *tecido* são derivadas do latim (*texere*) e significam tecer, enlaçar, entrelaçar, costurar. Assim, tanto aquele que confecciona um tecido quanto aquele que escreve um texto (ou produz uma fala) tecem, ou seja, enquanto um tece fios, outro tece ideias. Porém, um feixe de fios soltos não forma um tecido, assim também frases soltas não formam um texto. Além dos textos escritos e falados existem outros tipos de textos que comunicam por si: imagens, sons, charges, caricaturas, desenhos, quadrinhos, figuras, tabelas, gráficos. Porém, o texto é sempre uma unidade de sentido, um todo coeso, uno e coerente. Portanto, coesão, unidade e coerência formam a estrutura interna de um texto. De acordo com o enunciado acima, é possível afirmar que:

I – A análise textual é uma leitura de inspeção; é a primeira leitura, por isso, é rápida. Através dela buscamos saber quem é o autor. Qual seu estilo, sua época. Mediante essa leitura temos uma visão de conjunto do texto, conhecemos o vocabulário usado, as teorias que embasam o texto, os autores que foram citados pelo autor do texto, a sua estrutura redacional, o gênero literário e os elementos do texto. É uma leitura de reconhecimento;

II – Na análise temática não se busca a compreensão do texto (o tema), a perspectiva de abordagem do problema, a tese, o conteúdo, os argumentos, as ideias principais e secundárias do texto. É uma leitura para resumir ideias e argumentos;

III – A análise interpretativa é o exercício de apreensão da ideia (tese) central do texto, a explicitação de seus pressupostos. É o exercício da crítica interna e externa. É avaliar e julgar. Procura-se questionar o autor, levantar problemas acerca de sua metodologia; é o momento de reelaboração, de recriação e de reformulação do texto. É uma leitura para interpretar e criticar;

IV – A leitura informativa nos permite conhecer a natureza dos fatos, eventos e acontecimentos. Ex.: jornais, revistas, circulares, boletins informativos, documentos, internet e todos os tipos de correspondência e comunicação empresarial, política e jurídica;

V – A leitura formativa (crítico-reflexiva) visa o conhecimento, através dela formamos hábitos de pensamento crítico, adquirimos habilidades, conceitos e atitudes. Ex.: livros, revistas especializadas, dicionários, enciclopédias, recursos eletrônicos (internet, multimídia).

Enquanto atividade de estudo e pesquisa, a leitura informativa envolve diferentes capacidades ou habilidades de pensamento:

a) *Compreensão* – pela qual conhecemos a tese, o que o autor quis dizer;

b) *Análise* – pela qual conhecemos as partes do texto;

c) *Síntese* – pela qual tomamos conhecimento das ideias principais de um texto;

d) *Crítica* – pela qual é possível perceber erros, contradições, equívocos e lacunas na argumentação do autor, seus limites teóricos;

e) *Aplicação* – pela qual aprendemos em que situações usar determinado conceito ou conhecimento.

São corretas as seguintes alternativas:

(A) I, IV. V.
(B) II, III, V.
(C) III, IV, V.
(D) I, V.
(E) I, III, V.

**5)** O argumento é um meio de prova em filosofia. Os textos filosóficos muitas vezes revelam-se difíceis de serem compreendidos, porque o leitor desconhece a natureza e a força demonstrativa dos argumentos filosóficos. Ora, um argumento é um conjunto de enunciados que se relacionam logicamente. Ou seja, o argumento trata da relação lógica entre premissas e conclusão. Por isso, deve possuir validade e correção. Se a filosofia não tem necessidade de comprovar ou verificar empiricamente suas teses, ela tem, entretanto, necessidade de demonstrar racionalmente suas ideias, teses ou teorias. De acordo com o enunciado acima, é possível afirmar que:

I – A coerência é a capacidade de expressar sem contradição o pensamento. Ou seja, um texto coerente é um texto onde não há ambiguidades nos conceitos empregados pelo autor, nem duplicidade de sentido nas proposições;

II – A consistência é a capacidade de precisar o sentido dos termos, isto é, de conceituar. Por isso, um texto consistente é um texto cujos termos são empregados de forma vaga e imprecisa, os problemas são mal formulados e os argumentos são incapazes de dar sustentação às teses;

III – A consequência é a capacidade lógica que o pensamento tem de extrair conclusões válidas, fazer inferências a partir de determinadas premissas. Portanto, um texto consequente é um texto no qual não há unidade temática, nem ligação lógica entre as suas partes;

IV – Clareza e distinção constituem a evidência racional, ou seja, a percepção clara e distinta é condição de possibilidade de todo conhecimento intelectual;

V – A obscuridade e a confusão no pensamento não são incompatíveis do ponto de vista lógico (e acerca das mesmas ideias) com a clareza e a distinção.

São corretas as seguintes alternativas:

(A) I, IV.
(B) I, II, V.
(C) III, V.
(D) I, V.
(E) III, IV, V.

**6)** O *método dogmático* de interpretação dos sistemas filosóficos busca as razões (a ordem das razões); por isso, a interpretação deve estar de acordo com a "intenção" do filósofo. Nesse sentido, os sistemas filosóficos são teses (*dogmatas*) logicamente coerentes e consistentes. Por isso, toda filosofia pretende-se verdadeira, porque busca a verdade. A atenção do leitor deve recair sobre o *tempo lógico* (a lógica interna ou imanente ao texto); trata-se de refazer o caminho do autor (reviver e descrever a sua experiência de pensamento). Nesse sentido, *doutrina* e *método* são inseparáveis. O leitor não pode compreender as teses (dogmas ou doutrinas) filosóficas sem seguir o método de sua construção e elaboração. De acordo com o enunciado acima, é possível afirmar que:

I – Na leitura filosófica é necessário *fazer-se discípulo*, buscar compreender o autor, seguir os seus passos, para depois exercer a crítica sobre ele. Portanto, a crítica desacompanhada da compreensão é irrelevante ou inútil;

II – O texto filosófico é constituído pelo discurso do pensamento, pelo movimento de posição, de exposição e de transposição do pensamento;

III – A compreensão do texto está além do texto, ou seja, o pensamento filosófico é sempre historicamente situado e datado;

IV – O pensamento filosófico é uma totalidade (um sistema fechado), por isso, não se pode compreender um texto filosófico sem compreender o lugar e a função dos elementos (das partes) que estruturam o texto;

V – A interpretação do texto está subordinada ao contexto histórico; ou seja, não se pode compreender o texto por ele mesmo.

São corretas as seguintes alternativas:

(A) I, III, V.
(B) I, IV.
(C) I, II, IV.
(D) III, V.
(E) IV, V.

**7)** O *método genético* de leitura filosófica busca as causas, a origem explicativa das ideias. Busca saber, em que medida os fatores históricos, econômicos, sociais e culturais exerceram influência sobre a constituição do pensamento do filósofo. Ora, situar o pensamento na história significa compreendê-lo desde fora, perceber como o texto está relacionado ao contexto, ao intertexto e aos pretextos do autor. Significa perceber que a filosofia é, de alguma forma, filha de seu tempo (de uma determinada época histórica). Ou seja, o *tempo histórico é externo ao tempo filosófico*. De acordo com o enunciado acima, é possível dizer que:

I – O tempo histórico (vivido) condiciona e constitui a estrutura e o conteúdo da filosofia. Ou seja, não é verdade que o filósofo pensa como se o mundo não existisse;

II – O tempo histórico não pode conter (compreender) o tempo filosófico, porque o elemento filosófico não pode ser reduzido ao elemento psicológico (biográfico) ou sociológico. Ou seja, toda filosofia transcende a sua época histórica;

III – A filosofia tem uma história; por isso, é possível explicar (no todo ou em parte) uma filosofia pela história (da filosofia);

IV – As teses filosóficas (embora sejam construídas, elaboradas e desenvolvidas) segundo o tempo lógico, são engendradas no tempo histórico;

V – A história da filosofia nos ensina que o filósofo é um homem de seu tempo.

São corretas as seguintes alternativas:

(A) I, III, IV, V.
(B) I, III, V.

(C) II, IV, V.
(D) III, IV, V.
(E) III, IV.

**8)** Para Gadamer (*Verdade e método*), a escrita torna o autor contemporâneo do leitor, ou seja, o escritor se *presentifica* e se torna atual através da escrita. Sempre estamos embarcados na tradição, ou seja, todo texto está no tempo. O distanciamento instaurado pelo texto entre leitor e autor é a condição de possibilidade de toda interpretação. A escrita não fixa apenas o discurso e o pensamento do autor ao longo do tempo (conserva materialmente), mas confere autonomia ao texto. Para esse filósofo, a escrita encerra em si a possibilidade da história e da tradição cultural. O sentido não está no texto nem no autor, mas na dialética dessa relação. Nessa perspectiva, o ato de ler é um ato hermenêutico, de escuta, de descoberta e de reconstrução do sentido do texto. De acordo com o enunciado acima, é possível afirmar que:

I – A historicidade é um princípio hermenêutico de compreensão, dado que sempre pensamos a partir de outro pensamento. Em todo pensamento existe uma pré-compreensão, pressupostos, porque a tradição fala através dos textos. Nós pertencemos à história mais do que ela nos pertence;

II – A hermenêutica gadameriana é uma metodologia de leitura, e não uma ontologia, ou seja, compreender não é um modo de pensar, mas de ser;

III – A tarefa de compreender é infinita (inesgotável), porque permite uma multiplicidade de sentidos. Ou seja, não se pode ler um mesmo livro da mesma forma, assim como não se pode ler o autor por ele mesmo;

IV - O texto pertence a um contexto histórico-cultural (a uma tradição), por isso, entender um texto do passado significa traduzi-lo para o tempo presente, escutando nele uma resposta discursiva para os nossos questionamentos;

V - O texto depois de escrito tem vida autônoma; pode produzir efeitos que o autor não esperava. Ou seja, uma vez escrito o texto se desprende das mãos do autor e passa a ser algo público.

São corretas as seguintes alternativas:

(A) I, III, IV, V.
(B) I, II.
(C) IV,V.
(D) I, III, V.
(E) III, IV.

**9)** A filosofia não pode prescindir do texto escrito, porque o pensar filosófico se nutre tanto do tempo presente quanto da tradição (do tempo passado). Entretanto, devemos perguntar: *o que faz com que um texto seja filosófico? Qual é a especificidade da escrita filosófica? O que é um texto filosófico?* Como é possível distingui-lo dos textos não filosóficos? Como ler textos filosóficos? É possível identificar características comuns aos textos filosóficos? Existiria um método de leitura para textos filosóficos? Ora, o texto filosófico não requer o envolvimento psicológico ou emocional do leitor como ocorre com os textos literários. De acordo com o enunciado acima, é possível afirmar que:

I - O texto filosófico propõe problemas e respostas ao exercício do pensamento; introduz de forma inovadora a tarefa da filosofia em uma determinada época histórica. A originalidade do filósofo não consiste tanto em pensar o que ninguém pensou, mas em pensar de uma nova maneira o que já se pensou;

II – A maior dificuldade de se ler um texto filosófico consiste em localizar e desatar o "fio da trama" (do tecido), a fim de encontrar o seu início, meio e fim. Não se pode, via de regra, elaborar "guias" de leitura para as obras filosóficas, porque é somente através do ato de ler que se aprende a ler um filósofo;

III – Compreender a relação entre a *forma* e o *conteúdo* do texto filosófico significa perceber a lógica de progressão e de exposição do pensamento, seguir o movimento que vai do problema à tese e aos argumentos;

IV – O texto filosófico é construído de acordo com a estrutura gramatical de uma língua. A unidade ou coesão das partes do texto resulta em um todo coerente, fruto da dependência e da relação entre os elementos enunciativos (teses, proposições, problemas, refutações, provas, argumentos e demonstrações), componentes das partes do discurso filosófico;

V – A atividade filosófica se constitui a partir (de dentro) de uma língua. Porém, o filósofo força os limites conceituais da língua natural para poder dizer ou expressar o seu pensamento. Nesse sentido, é como se o filósofo forjasse a sua própria "gramática filosófica" para poder escrever ou comunicar o seu pensamento.

São corretas as seguintes alternativas:

(A) I, II, V.
(B) II, III, V.
(C) I, III, IV, V.
(D) I, II, III, IV, V.
(E) I, V.

**10)** O *texto filosófico* não é escrito necessariamente para especialistas (filósofos de ofício). Quando isso acontece, o filósofo atribui aos termos um sentido (ou conceito) não corrente. Segundo alguns filósofos, a língua natural pode expressar todos os problemas filosóficos. Portanto, o filósofo deve dizer coisas incomuns com palavras comuns ao invés de dizer coisas comuns com palavras incomuns, ou seja, a clareza deve ser a cortesia, a virtude maior do filósofo. O fato é que a filosofia em quase todas as épocas históricas tem sido uma atividade de e para especialistas. Assim sendo, a filosofia que deveria ser um direito de todos os homens, se transformou num privilégio de poucos. Por isso, a questão da linguagem técnica da filosofia abriga fundamentalmente duas interpretações: A primeira interpretação acusa os filósofos de serem elitistas, porque escrevem seus *textos* para um público especializado, restringindo, assim, o acesso ao pensamento filosófico. Alguns poucos iluminados teriam condição e interesse em ler e compreender de fato a filosofia. Por isso, a ideia de uma linguagem privada (que só os filósofos entendessem) é um absurdo, porque a linguagem é uma prática social (pública). Para esses críticos, a filosofia quando uso de linguagem técnica torna-se obscura e incompreensível, portanto, contrário ao espírito filosófico de suas origens. A segunda interpretação considera que os termos e conceitos das línguas naturais são insuficientes quando se trata de pensar e expressar o pensamento filosófico.

Nesse sentido, as línguas naturais não comportam (abarcam) o pensamento filosófico, necessitando-se assim, da criação de um léxico próprio a partir da combinação e justaposição de palavras. A aparente obscuridade e impenetrabilidade devem-se à distância (barreira) histórica e semântica existente entre o autor e o leitor do texto filosófico. Nesse sentido, torna-se muitas vezes necessário o conhecimento de filologia para fazer filosofia. De acordo com o enunciado acima, é possível afirmar que:

I – A filosofia tem uma espécie de "marca registrada"; aquilo que a identifica e a distingue das outras filosofias. O texto tem uma assinatura, um sujeito ou um autor (*auctor*) que é o seu produtor e escritor;

II – Todo filósofo inaugura e introduz um novo estilo filosófico, uma nova maneira de pensar e de expressar a filosofia. Porém, o estilo filosófico não se confunde com o estilo literário, porque não consiste apenas numa diferença de expressão do pensamento, mas de concepção;

III – A obra filosófica é, por sua própria natureza, incompleta, inacabada. Isso não significa que o autor não completou a sua obra, mas que ele não poderia tê-la acabada, ou seja, encerrado a reflexão. Ou seja, num texto não cabe todo o filosofar.

IV – Toda leitura é sempre uma nova leitura, porque permite estabelecer novas relações entre aquilo que o autor diz e aquilo que o leitor tem a dizer. À semelhança do arqueólogo, o leitor é levado a descobrir através das "camadas sedimentares" do texto filosófico, novos sentidos, a propor novos problemas, novas questões;

V – Segundo a concepção estruturalista, ao leitor não é possível o acesso direto ao texto; é necessário um trabalho de "escavação" das camadas sedimentares que encobrem e impedem a aproximação do autor com o leitor. É nesse sentido que podemos falar de tradições interpretativas.

São corretas as seguintes alternativas:

(A) I, II, III.
(B) I, II, III, IV. V.
(C) II, IV, V.
(D) I, V.
(E) II, V.

**GABARITO**

1. A
2. C
3. B
4. A
5. C
6. D
7. D
8. B
9. E
10. A

# Referências

ABREU, M. (Org.). *Leitura, história da leitura*. Campinas: Mercado de Letras/Associação de Leitura do Brasil, 2000.
ADORNO, T.W. *Dialéctica negativa*. Madrid: Taurus, 1986.
_____. *Terminología filosófica* I, II. Madrid: Taurus, 1985.
_____. *Educação e emancipação*. São Paulo: Paz e Terra, 1995.
AGAMBEM, G. *Infancia e historia*. Buenos Aires: Adriana Hidalgo, 2001.
ALVES, D. *A filosofia no ensino médio: ambiguidades e contradições na LDB*. São Paulo: Autores Associados, 2002.
ARANTES, P.E. *Um departamento francês de ultramar*. Estudos sobre a formação da cultura filosófica uspiana (Uma experiência nos anos 60). São Paulo: Paz e Terra, 1994.
ARIÈS, P. *El Niño y la Vida Familiar en el Antiguo Régimen*. Madrid: Taurus, 1975.
_____. *História social da criança e da família*. Rio de Janeiro: Guanabara, 1981.
ARISTÓTELES. *Arte retórica e arte poética*. São Paulo: Difusão Europeia do Livro, 1959.
_____. *Ética a Nicômaco*. São Paulo: Abril Cultural, 1979 (Os Pensadores).
_____. *Dos argumentos sofísticos*. São Paulo: Abril Cultural, 1983 (Os Pensadores).
_____. *Política*. Brasília: UnB, 1985.
_____. *Organon: categorias, da interpretação, analíticos anteriores, analíticos posteriores, tópicos, refutações sofísticas*. Bauru: EDIPRO, 2010.
AZEREDO, V.D. *Introdução à lógica*. Ijuí: Unijuí, 2044, pp. 54-69.
ARROYO, M. Significado da infância. SIMPÓSIO NACIONAL DE EDUCAÇÃO INFANTIL, 1, 1994. Brasília-DF: *Anais...* Brasília: [s.n.], 1994.

BARTHES. R. *O grau zero da escrita: seguido de novos ensaios críticos*. São Paulo: Martins Fontes, 2004.
BENVENISTE, Émile. *Problemas de linguística geral II*. Campinas: Pontes,1989.
_____. *Problemas de linguística geral I*. Campinas: Pontes, 1995.
BOWMAN, A.K.; WOOLF, G. *Cultura escrita e poder no mundo antigo*. São Paulo: Ática, 1998.
CARRILHO, M.M. *Razão e transmissão da filosofia*. Lisboa: Imprensa Nacional da Casa da Moeda, 1987.
CALVINO, I. *Por que ler os clássicos?* São Paulo: Companhia das Letras, 1993.
CARDOSO, D. *A alma como centro do filosofar de Platão: uma leitura concêntrica do Fedro à luz da interpretação de Franco Trabattoni*. São Paulo: Loyola, 2006.
CAVALLO, Guglielmo; CHARTIER, Roger (Org.). *História da leitura no mundo ocidental*. São Paulo: Ática, 1999, 2 vols.
CERLETTI, A. *La Enseñanza de la Filosofia como Problema Filosófico*. Buenos Aires: Libros del Zorzal, 2008.
CHARTIER, R. *Practiques de la Lecture*. Paris: Éditions Rivages, 1985.
_____. *A ordem dos livros: leitores, autores e bibliotecas na Europa entre os séculos XIV e XVIII*. Brasília: Editora da UnB, 1994.
_____. *A aventura do livro: do leitor ao navegador*. Conversas com Jean Lebrun. São Paulo: Editora Unesp, 1999.
_____. *Cultura escrita, literatura e história: conversas de Roger Chartier com Carlos Aguirre Anaya, Jesús Anaya Rosique, Daniel Goldin e Antonio Saborit Roger Chartier*. Porto Alegre: Artmed, 2001.
_____. *Os desafios da escrita*. São Paulo: Editora Unesp, 2002.
CHAUÍ, M. *Convite à filosofia*. São Paulo: Ática, 2003.
CHITOLINA, C.L. *A criança e a educação filosófica*. Maringá: Dental Press, 2003.
_____. *Razão e método em Descartes: a unidade da ciência*. Jundiaí: Paco Editorial, 2013.
CHITOLINA, C.L.; HARTMANN, H.R. (Orgs.). *Filosofia e aprendizagem filosófica*. Maringá: Dental Press, 2002.
COHEN, M. *La Grande Invention de L'Écriture et son Évolution*. Paris: Imprimerie Nationale et Librairie Klincksieck, 1958.
COPI, I. *Introdução à lógica*. São Paulo: Mestre Jou, 1981.

COSERIU, E. *Lições de linguística geral*. Rio de Janeiro: Ao livro técnico, 1980.

COSSUTA, F. *Elementos para a leitura dos textos filosóficos*. São Paulo: Martins Fontes, 2001.

CORAZZA, S.M. *Infância & educação: era uma vez – quer que te conte outra vez?* Petrópolis: Vozes, 2002.

CORNFORD, F.M. *Plato's Theory of Knowledge. The Theatetus and the Sophist of Plato translated with a running comentary*. London: Routledge and Kegan Paul, 1935.

DANIEL, M.-F. *A filosofia e as crianças*. São Paulo: Nova Alexandria, 2000.

DARNTON, R. *A questão dos livros*. São Paulo: Companhia das Letras, 2010.

DERRIDA, J. *A farmácia de Platão*. São Paulo: Iluminuras, 1997.

DESCARTES, R. *Meditações*. São Paulo: Abril Cultural, 1983 (Os Pensadores).

_____. *Meditações sobre a filosofia primeira*. Coimbra: Almedina, 1992.

_____. *Princípios da filosofia*. Lisboa: Guimarães Editores, 1984.

_____. *Regras para a orientação do espírito*. São Paulo: Martins Fontes, 1999.

DESSONS, G. *Émile Benveniste, l'Invention du Discours*. Paris: Editions In Press, 2006.

DUBOIS, J. (Org.) *Dicionário de linguística*. São Paulo: Cultrix, 1968.

DUCROT, O. *Estruturalismo e linguística*. São Paulo: Cultrix, 1968.

DUSSEL, I.; CARUSO, M. *A invenção da sala de aula: uma genealogia das formas de ensinar*. São Paulo: Moderna, 2003.

ELIA, S. 1978. *Orientação da linguística moderna*. Rio de Janeiro: Ao livro técnico, 1978.

FÉVRIER, J. *Histoire de L'Écriture*. Paris: Payot, 1948.

FLUSSER, V. *O mundo codificado*. São Paulo: Cosacnaify, 2007.

_____. *A escrita*. São Paulo: Annablume, 2010.

FODOR, J.A. *The Language of Thought*. New York: Crowell, 1975.

FOLSCHEID, D.; WUNENBURGER, J.-J. *Metodologia filosófica*. São Paulo: Martins Fontes, 2002.

FOUCAULT, M. *O que é um autor?* Passagens, 1995.

_____. *A ordem do discurso*. Aula Inaugural no Collège de France, pronunciada em 2 de dezembro de 1970. Edições São Paulo: Loyola, 1996.

FREITAG, B. (Org.). *Piaget: 100 anos*. São Paulo: Cortez, 1997.

FRIEDLÄNDER, P. *Platón. Verdad del ser y realidad de vida.* Tecnos, 1989.
FRONDIZI, R. *Ensaios filosóficos.* México: Fondo de Cultura Económica, 1986.
GOLDSCHMIDT, V. *A religião de Platão.* São Paulo: Difusão Europeia do Livro, 1963.
GRANGER, G.G. *Filosofia do estilo.* São Paulo: Perspectiva, 1974.
GOLDSCHMIDT, V. *Os Diálogos de Platão: estrutura e método dialético.* São Paulo: Loyola, 2002.
GOLDSCHMIDT, V. *Histoire et Structure: Ouvrage Collectif à la Mémoire de V. Goldschmidt.* Paris: Vrin, 1985.
_____. Remarques sur la méthode structurale en histoire de la philosophie. *Manuscrito,* v. 2, Campinas: Ed. Unicamp, 1982.
_____. Tempo histórico e tempo lógico na interpretação dos sistemas filosóficos. In: *A Religião de Platão.* Trad. de Ieda e Oswaldo Porchat. São Paulo: Difusão Europeia do Livro, 1970.
GOURIMAT, M. *Introducción al Pensamento Filosófico.* Madri: Isto, 1973.
GUEROULT, M. O problema da legitimidade da história da filosofia. *Reflexão,* n. 78. Campinas, PUC-Campinas, 2000.
_____. Lógica, arquitetônica e estruturas constitutivas dos sistemas filosóficos. *Trans/Form/Ação,* vol. 30, n. 1. Marília: Unesp, 2007.
_____. *La Méthode en Histoire de la Philosophie.* Conferência pronunciada na Faculdade de Filosofia da Universidade de Ottawa em 19 de outubro de 1970. Otawa, 1970.
_____. *Histoire de la Histoire de la Philosophie.* Paris: Aubier Montaigne, 1992.
GUSDORF, G. *Professores para quê? Por uma pedagogia da pedagogia.* São Paulo: Martins Fontes, 1995.
GRUBE, G.M. *Plato's Thought.* London: Methuen, 1935.
GUTHRIE, W.K.C. *A History of Greek Philosophy.* Cambridge: Cambridge University Press, 1981.
HACKFORTH, R. *Plato's Phaedrus*: Translation, Introduction and commentary. Cambridge: Cambridge University Press, 1953.
HARLOT, B. *A mistificação pedagógica. Realidades sociais e processos ideológicos na teoria da educação.* Rio de Janeiro: Zahar, 1983.
HAVELOCK, E.A. *A revolução da escrita na Grécia e suas consequências culturais.* São Paulo: Unesp, 1996.
HEGEL, G.F.W. *Introdução à história da filosofia.* Coimbra: Arménio Amado, 1980.

_____. *Escritos pedagógicos*. México: Fondo de Cultura Económica, 1991.

HELLER, A. *A filosofia radical*. São Paulo: Brasiliense, 1983.

HORKHEIMER, M. *Eclipse da razão*. Rio de Janeiro: Labor do Brasil, 1976.

JAKOBSON, Roman. *Linguística e comunicação*. São Paulo: Cultrix,1969.

JAEGER, W. *Paideia: a formação do homem grego*. São Paulo: Martins Fontes, 1979.

JOLIBERT, B. *L'Enfant au 17 è Siècle*. Paris: Vrin, 1981.

KANT, I. *Crítica da razão pura*. São Paulo: Abril Cultural, 1983 (Os Pensadores).

_____. Resposta à questão: o que é o Esclarecimento? Em: *Textos seletos*. Petrópolis: Vozes, 1985.

_____. *Antropología en Sentido Pragmático*. Madrid: Alianza Editorial, 1991.

_____. *Lógica*. Rio de Janeiro: Tempo Brasileiro,1992.

KOHAN, W.O. *Infância. Entre educação e filosofia*. Belo Horizonte: Autêntica, 2003.

KRÄMER, H. *Platone e i Fondamenti Della Metafisica*. Milano: Vita e Pensiero, 1989.

KRISTEVA, Julia. (ed.). *História da linguagem*. Lisboa, Portugal, 1969.

LAROSSA, J. *La Experiência de la Lectura: Estúdios Sobre Literatura y Formación*. Barcelona: Editorial Laertes, 1998.

LAVELLE, L. *La Parole et L'Écriture*. Paris: Artisan du Livre, 1947.

LEROY, M. *As grandes correntes da linguística moderna*. Rio de Janeiro: Ao livro técnico, 1971.

LEPSCHY, C.A. *Linguística estrutural*. São Paulo, Perspectiva, 1975.

LIPMAN, M. *Growing up With Philosophy*. Philadelphia: Temple Univesityu Press, 1978.

_____. *Philosophy Goes to School*. Philadelphia: Temple University Press, 1988.

_____. *A filosofia vai à escola*. São Paulo: Summus, 1990.

_____. *Thinking in Education*. Cambridge: Cambrigde University Press, 1991.

_____. *Thinking Children in Education*. Iowa: Kendal/Hunt, 1993.

_____. *O pensar na educação*. Petrópolis: Vozes, 1995.

_____. SHARP, A.; OSCANYAN, F.S. *A filosofia na sala de aula*. São Paulo: Nova Alexandria, 1994.
LIPMAN, M.; SHARP, A.M.; OSCANYAN, F.S. *Philosophy in the Classroom*. Philadelphia: Temple University Press, 1980.
LYONS, J. *As ideias de Chomsky*. São Paulo, Cultrix, 1970.
MAGALHÃES-VILHENA, V. de. *Le Problème de Socrate: Le Socrate Historique et le Socrate de Platon*. Paris: PUF, 1952.
MARTINICH, A.P. *Ensaio filosófico: o que é, como se faz*. São Paulo: Loyola, 2002.
MEYER, P. *L'Enfant et la Raison D'Etat*. Paris: Seuil, 1977.
MESQUITA, A.P. *Reler Platão*: ensaio sobre a teoria das ideias. Lisboa: Imprensa Nacional: Casa da Moeda, 1994.
MIALARET, G. *As ciências da educação*. Lisboa: Moraes, 1976.
NARODOWSKI, M. *Infância e poder: conformação da pedagogia moderna*. Bragança Paulista: Universidade São Francisco, 2001.
NICOL, E. *La Reforma de la Filosofia*. México: México: Fondo de Cutura Económica, 1989.
NIETZSCHE, F. *Considerações Extemporâneas*. São Paulo: Abril Cultural, 1978.
_____. *A genealogia da moral*. Lisboa: Guimarães & Cª. Editores, 1983.
_____. *Além do bem e do mal: prelúdio a uma filosofia do futuro*. São Paulo: Companhia das Letras, 1992.
_____. *Assim falou Zaratustra*. Curitiba: Hemus, 2000.
PÊCHEUX, M. *O discurso: estrutura ou acontecimento*. Campinas: Pontes, 1997.
PETRUCCI, A. *La Scrittura*: Ideologia e Reppresentazione. Turin: Einaudi, 1986.
PLATÃO. *Diálogos*. Teeteto, Crátilo. Belém: Ed. da UFPA, 1973.
_____. *Fedro ou da beleza*. Lisboa: Guimarães, 2000.
PIAGET, J. *O nascimento da inteligência na criança*. Rio de Janeiro: J. Zahar, 1975.
_____. *O julgamento moral na criança*. São Paulo: Mestre Jou, 1977.
_____. *Para onde vai a educação?* Rio de Janeiro: José Olympio, 1984.
PIMENTA. S.G. (Coord.). *Pedagogia, ciência da educação?* São Paulo: Cortez, 2001.
OBIOLS, G.A.; RABOSSI, E. (Comp.). *La Filosofía y el Filosofar*. Buenos Aires: Centro Editor de América Latina, 1993.

PLATÃO. *A República*. Belém: Ed. da UFPA, 1976.

_____. *Protágoras, Górgias, O Banquete, Fédão*. Belém: Ed. da UFPA, 1980.

_____. *Sofista*. São Paulo: Abril Cultural, 1983 (Os Pensadores).

_____. *A República*. Lisboa: Fundação Calouste Gulbenkian, 1990.

_____. *Apologia de Sócrates*. Lisboa: Guimarães, 1993.

_____. *Fédro ou da beleza*. Lisboa: Guimarães, 1994.

_____. *Carta VII*. São Paulo: Loyola, 2008.

PORTA, M.A.G. *A filosofia a partir de seus problemas: didática e metodologia do estudo filosófico*. São Paulo: Loyola, 2002.

POSTMAN, N. *O desaparecimento da infância*. Rio de Janeiro: Graphia, 1999.

POPPER, K.R. *A sociedade aberta e seus inimigos*, v. 1. Belo Horizonte: Itatiaia; São Paulo: Edusp, 1974.

RAMOS, C.A. Aprender a filosofar ou aprender a filosofia: Kant ou Hegel. *Trans/Form/Ação*, São Paulo, v. 30, n. 2, 2007, pp. 197-217.

RANCIÈRE, J. *Le Maître Ignorant*. Paris: Fayard, 1987.

REALE, G. *Para uma nova interpretação de Platão*. São Paulo: Loyola, 1997.

RICOUER, R. *Do texto à ação: ensaios de hermenêutica II*. Porto: Rés, 1989.

_____. *Teoria da interpretação: o discurso e o excesso de significação*. Lisboa: Ed. 70, 1976.

_____. *Interpretação e ideologias*: Rio de Janeiro: Francisco Alves, 1988.

_____. *A metáfora viva*. São Paulo: Loyola, 2000.

_____. *Sobre a tradução*. Belo Horizonte: Editora UFMG, 2011.

ROHDEN, L.; PIRES, C. (Orgs.). *Filosofia e literatura: uma relação transacional*. Ijuí: Unijuí, 2009.

ROBIN, L. *Plato*. Paris: Félix Alcan, 1935.

_____. *La Thérie Platonicienne des Idées et des Nombres D'Après Aristote. Étude historique et critique*. Paris: Félix Alcan, 1908.

ROBLEDO, A.G. *Platón. los seis grandes temas de su filosofía*. México: Fondo de Cultura Económica, 1986.

ROSS, W.D. *Plato's Theory of Ideas*. Osford: At the Clarendon Press, 1951.

_____. *Sócrates y el Socratismo*. México: Fondo de Cultura Económica, 1994.

ROUSSEAU, J.-J. *Emílio ou da educação*. São Paulo; Rio de Janeiro: DIFEL, 1979.

SANTO AGOSTINHO. *De magistro*. Petrópolis: Vozes, 2009.

SARTRE, J.-P. *Que é literatura?* São Paulo: Ática, 1993.

SAUNDERS, C.; MOSSLEY, D.; ROSS, G.M. *et al. Como estudar filosofia: guia prático para estudantes*. Porto Alegre: Artmed, 2009.
SAUSSURE, F. de. *Curso de linguística geral*. São Paulo: Cultrix, 2000.
SCHOPENHAUER, A. *Sobre o ofício do escritor: apresentação e notas de Franco Volpi*. São Paulo: Martins Fontes, 2005.
_____. *A arte de escrever*. Porto Alegre: L&PM, 2007.
SZLEZÁK, T.A. *Platão e a escritura da filosofia: análise de estrutura dos diálogos da juventude e da maturidade à luz de um novo paradigma hermenêutico*. São Paulo: Loyola, 2009.
SPLITTER, L.; SHARP, A.M. *Uma nova educação: a comunidade de investigação na sala de aula*. São Paulo: Nova Alexandria, 1999.
TAYLOR, A.E. *Plato. The man and his work*. London: Methuen, 1960.
TERRA, R. Não se pode aprender filosofia, pode-se apenas aprender a filosofar. *Revista Discurso*, São Paulo, n. 40, 2010, pp. 9-38.
TORRES FILHO, R.R. *O espírito e a letra*. São Paulo: Ática, 1975.
TRABATTONI, F. *Oralidade e escrita em Platão*. São Paulo: Discurso Editorial; Ilhéus: Editus, 2003.
VLASTOS, G. *Platonic Studies*. Princeton: Princeton University Press, 1981.
VYGOTSKY, L.S. *A formação social da mente*. São Paulo: Martins Fontes, 1984.
_____. *O desenvolvimento psicológico da infância*. São Paulo: Martins Fontes, 1998.